FILOSOFÍA

Eugenio Trías Sagnier (Barcelona, 1942) se doctoró en filosofía con una tesis sobre Hegel publicada posteriormente con el título *El lenguaje del perdón. Un ensayo sobre Hegel*. Fue profesor y catedrático de estética y composición en la Escuela de Arquitectura de Barcelona y es, actualmente, catedrático de filosofía de la facultad de humanidades en la Universitat Pompeu Fabra y director del programa de curso de doctorado del Instituto Universitario de Cultura de esta misma universidad. Fue, además, vicepresidente del Patronato del Museo Nacional Centro de Arte Reina Sofía (Madrid). Con más de treinta libros publicados, muchos de ellos traducidos a diversos idiomas, y numerosos galardones, entre los que cabe destacar el premio Nueva Crítica de Ensayo por *Drama e identidad*, el premio Anagrama de Ensayo por *El artista y la ciudad* y el Premio Nacional de Ensayo por *Lo bello y lo siniestro* (1983). Su obra se ha convertido ya en una referencia ineludible de la filosofía española en los últimos treinta años. En 1995 obtuvo el XIII Premio Internacional Friedrich Nietzsche por el conjunto de su producción y por su trayectoria filosófica, un premio que anteriormente habían obtenido filósofos de reconocida autoridad como Rorty, Severino, Popper o Derrida. Obtuvo asimismo el premio Ciudad de Barcelona por su obra *La edad del espíritu*.

Biblioteca

Eugenio Trías

Tratado de la pasión
Edición actualizada

Prólogo de
Lourdes Ortiz

DeBOLS!LLO

Diseño de la portada: Departamento de diseño de Random House Mondadori
Fotografía de la portada: Detalle de Cupido y Psiche, de Antonio Cánova. © Corbis

Primera edición en DeBOLS!LLO: febrero, 2006

© 1979, 1988, 1991, Eugenio Trías
© 1997, Santilla, S. A., Taurus
© 2006, Lourdes Ortiz, por el prólogo
© 2006 por la presente edición para todo el mundo:
 Random House Mondadori, S. A.
 Travessera de Gràcia, 47-49. 08021 Barcelona

Quedan prohibidos, dentro de los límites establecidos en la ley y bajo los apercibimientos legalmente previstos, la reproducción total o parcial de esta obra por cualquier medio o procedimiento, ya sea electrónico o mecánico, el tratamiento informático, el alquiler o cualquier otra forma de cesión de la obra sin la autorización previa y por escrito de los titulares del *copyright*.

Printed in Spain – Impreso en España

ISBN: 84-9793-906-9
Depósito legal: B. 88 - 2006

Fotocomposición: Fotocomp/4, S. A.

Impreso en Litografia Rosés, S. A.
Progrés, 54-60. Gavà (Barcelona)

P 839069

PRÓLOGO A LA PRESENTE EDICIÓN
LA RECTA VÍA O EL CAMINO DE LA DERECHA

Es una gozada tener otra vez entre las manos el *Tratado de la pasión* de Eugenio Trías. Y será un goce su lectura para aquellos que entonces, hace ya casi treinta años, no tuvieron la oportunidad de poder adentrarse en sus páginas para recrearse con esa voluntad de rigor propia de aquel que dedica su tiempo a la tarea del filosofar y, al mismo tiempo y sobre todo, para dejarse fascinar por ese don que tiene Eugenio Trías para la palabra, para el salto audaz, el enlace de conceptos, la cabalgada semántica a zonas inesperadas, la metáfora, el juego literario, todo aquello que convierte a su tratado en un espléndido ensayo. Y es que sólo desde el ensayo puede uno acercarse al tema de la pasión, por mucho que la pretensión de Eugenio Trías sea la de devolver un contenido ontológico a esa categoría, la Pasión, que durante siglos en la tradición occidental ha sido considerada la oveja negra de la familia, la díscola, irreverente, la parte negativa, la que hay que descartar. Lo que se escapa al control del Logos, de la Razón con mayúscula.

El intento de Trías era por otra parte hijo de su tiempo. De aquellos años sesenta y setenta del siglo XX —no tan lejanos, pero sí distintos a los que hoy nos toca vivir— en que filósofos y pensadores se planteaban la necesidad de rebelarse contra el dominio del *logos* y la razón que se había convertido en Razón de Estado y había desembocado en los totalitarismos siniestros de los años treinta con todas sus secuelas. Era el momento en que la filosofía de Occidente, alejándose del marxismo —sustento ideológico de tantos desmanes en la práctica social— se volvía de nuevo hacia Nietzsche y a los modelos filosóficos que por otro lado —curiosa recuperación que hoy vuelve a convertirse en rechazo— habían sido anteriormente descartados y señalados como padres del irracionalismo y de paso de todos los crímenes cometidos por el nacionalsocialismo.

Los sesenta fueron así un momento de tregua, de respiro, de intentar recuperar no la herencia maldita de un Nietzsche tal vez mal entendido, sino el grito alegre de Zaratustra y la energía vital que de sus escritos emanaba, su irreverencia y su grito diabólico, salutífero frente al soplete demoledor del individuo realizado por los estados-policía. Rebelión contra Hegel y Marx y de paso contra los sistemas cerrados y opresivos que en nombre del «universal liberador» habían echado a la *poubelle* de la historia las vicisitudes del corazón y los desvelos, incertidumbres y añoranzas del individuo singular, aquel que en cambio fuera ensalzado y potenciado en otro momento de crisis y decepción —en el romanticismo— tras el Terror y los desastres provocados por la Revolución francesa, que parecían impugnar los ideales de la Ilustración y del benigno Contrato social. Y ese sujeto, sometido a pasiones, vapuleado y solitario, ese sujeto activo y sensitivo fue retomado entonces para ser pensado, reivindicado frente al Todo, frente a la máquina demoledora de lo social que en nombre del progreso y de la Historia lo condenaba y maltrataba, considerándolo número insignificante, parte de una maquinaria, súbdito, sometido a un destino que lo enajenaba y lo olvidaba, ya fuera la raza superior o el superhombre o la clase social o simplemente el estado «paternal» el detentador de la Ley y la Razón que encima se pretendía salvadora.

Trías, en su tratado, se propone una tarea de gigante, que él mismo nos expone como meta de su trabajo en las primeras páginas. Nada menos que «reconstruir el orden racional y el orden de la actividad, la razón teórica y la razón práctica desde bases sólidas. Y para mí esas bases sólo pueden ser pasionales». Se trata por tanto de plantearse un tema peliagudo, muy delicado y, como diríamos metafóricamente, atreverse a andar en la cuerda floja, para huir de la crítica de irracionalismo, como si todavía el fantasma del dedo acusador volara amenazante sobre todo aquel que desde el ámbito de la racionalidad del discurso filosófico académico intentara dejar la puerta abierta al viento demoledor de la pasión, ese reducto de lo no sometido a control, esa marca del desorden, del exceso, donde individuos y sociedades se anegan y se pierden. Desde Grecia, pasando por el cristianismo, hasta los muy racionales siglos XVIII y XIX, en donde al mismo tiempo había estallado, desde el romanticismo a Nietzsche, el «asalto a la razón».

Trías se pregunta por qué «la filosofía parece espontáneamente abocada a fundar una razón yuguladora de su base pasional; y hablo —nos dice— de una filosofía espontánea, o de lo que bien pudiera denominarse «la ideología espontánea del filósofo», esa que desde los griegos a los estoicos y de éstos a Descartes, Spinoza, Kant y el idealismo alemán, por citar algunos de sus «momentos estelares», no hace sino repetir, en variaciones de un único tema, las mismas ideas acerca de una fundación de la razón como premisa de una subjetividad libre y autárquica que ha logrado vencer el yugo cautivador de la pasión que llega o puede llegar a *enajenarla*.

Y tras esta rotunda afirmación, después de hacer un recorrido a través de las diferentes teorías sobre el amor pasión desde la Antigüedad (intentando encontrar un estatuto ontológico que la libere de su carga maldita) afirma que la pasión lejos de ser ciega es premisa de lucidez; nos dice que no es la suya una posición pasiva y sometida sino activa y sobre todo receptiva y que precisamente sería esa posición receptiva «la que funda el orden del conocer, y en general el orden racional, en el cual queda inscrito el mundo, en síntesis conjuntiva con la propia realidad del sujeto cognoscente». Para afirmar poco después que ese sujeto pasional es además la base empírica del sujeto estético o que lo artístico es, en esencia, «esa singularización que la pasión hace posible en la expresión».

Pero no se trata aquí de resumir o minimizar cada uno de los recorridos realizados por Trías (que es guiado también por la pasión de la palabra y la escritura y la reflexión filosófica con todos sus encantos, sus vericuetos, sofismas, hallazgos y encadenamientos lógicos) en este sugerente tratado; recorridos llenos de intuiciones, algunas sorprendentes y otras tal vez demasiado audaces, que el lector ha de seguir minuciosamente intentando encontrar los lazos, los posibles saltos, los recovecos, los aciertos y las vacilaciones para apreciar sobre todo lo que este tratado-ensayo tiene de aportación personal, de «implicación» precisamente del autor en un momento de su vida en el que la Pasión con mayúscula se entroniza y modifica gran parte de sus planteamientos teóricos para abrir nuevos senderos a la reflexión y a la expresión, senderos que le alejarán cada vez más del «sistema» y del pretendido (y casi siempre muerto) rigor académico para encontrar esa otra senda, la de la expresión literario-poético-filosófica.

Y de ese modo acierta y el tratado se amplía y vuela, porque ése es probablemente el único medio, el más adecuado para enfrentarse a un tema que se resiste a la ontología y que ha tenido su expresión continuada y reiterativa a través de las manifestaciones literarias y artísticas a lo largo del tiempo. Asuntos del corazón, del «vivo sin vivir en mí». Es en los personajes creados por la literatura, por el drama, el poema o la novela, donde Trías encontrará materia para su reflexión y en el análisis de figuras paradigmáticas como Don Juan, Tristán e Isolda, Fausto, Romeo y Julieta centrará el estudio para sus conclusiones y para esa concatenación de ideas, sugerencias, despliegues teóricos o metafóricos que le conducen a un Dios del Amor y, cosa sorprendente, al misterio de la Santísima Trinidad para llegar a un final feliz y esperanzador, el de la buena vía o el camino recto, el que llama «de la derecha» con un curioso y desconcertante cántico a la familia, tras un osado y no sé si discutible planteamiento en donde el dios cristiano aparece fundamentando esa nueva ontología de la pasión que a su vez sustenta la acción y la razón liberadora.

Los buenos libros nunca mueren. Y adentrarse en el Tratado de Eugenio Trías, casi treinta años después, es volver a experimentar esa emoción ¿estética? que se debe a la belleza del texto y a sus implicaciones, pero también a la densidad y oportunidad del cúmulo de reflexiones filosóficas que pueden ayudarnos para seguir pensando. Uno puede coincidir o no con sus conclusiones, pensar que tal vez no es una ontología sólidamente fundada lo que allí se ha encontrado, que hay más de intuición y destello, de iluminación que de concatenación lógica en sus análisis. Pero eso es precisamente lo que tal vez se pretende. Estamos en el terreno de la pasión, en el marco de la ficción, de esos personajes, caracteres indelebles, creados en distintos momentos por la mente del hombre, ese hombre singular sometido al trasiego de la pasión, desvalido y solitario, pero también altanero y radiante, capaz de crear y recrear una y otra vez a sus dioses a su imagen y semejanza. Y ese recorrido siempre es y será «apasionante». Tal vez el único que realmente no concierne y nos importa, sean cuales sean las valoraciones que se le den desde las distintas instancias que, desde el comienzo de los tiempos, se empeñan en encontrar la norma del «deber ser», segando con la guadaña de un dualismo pernicioso y siempre represor esa parte tumultuosa, activa, la más singular, la más propia, la que nos hace ser humanos, demasiado humanos, contradictorios, sometidos a pasiones y a movimientos a veces sublimes y a veces rastreros. Ese hombre tal cual que el arte y la literatura nos ha contado y nos sigue contando sin juicios ni condenas. El que Trías reencuentra.

LOURDES ORTIZ

NOTA DEL AUTOR

Una de las mayores alegrías que experimenta el escritor es, obviamente, el comentario (oral o escrito) que el lector puede efectuar de su libro. Esta recepción *real* es mucho más gratificante que la que se codifica en forma de críticas en la prensa o en revistas periódicas, ya que es más espontánea e incondicional y revela el verdadero *uso social* que un libro puede tener. Si algún libro mío ha influido en la *vida* de personas concretas es, creo yo, este *tratado*, que para muchos lectores ha sido un estallido de claridad en uno de los dominios más espesos y confundidos, o que suele ser abordado desde perspectivas excesivamente próximas al «correo del corazón». Intenté en este libro elevar a categoría ontológica un género injustamente reputado «menor» (o «género chico»), como es todo lo referente al *orden del corazón* (Pascal). Intenté en él elevar la más caprichosa, plástica, sutil y mágica de nuestras vísceras en fuente y principio de una concepción del *ser* y del *sentido*. El apoyo que consigna en ciertos aspectos de *L'amour et l'occident* del «clásico» Denis de Rougemont ocasionó, poco después de que mi libro apareciera, un interés editorial y «de público» por una obra que, antes de referirme a ella, vegetaba, en nuestro contexto, en el absoluto silencio. Pero mi libro quería enmendar precisamente las penurias e insuficiencias de este interesante libro, en el que el «tema» le viene «ancho» al propio autor. Mi libro se orientaba por derroteros bien distintos: hacia una *ontología de la pasión*.

Este libro mío tuvo luego multitud de imitadores. Inclusive fue prácticamente utilizado el título de mi libro en alguna circunstancia.

La mayor alegría que este libro me ha proporcionado ha sido la comprobación de que *casi la totalidad* del público lector que se ha quedado literalmente «enganchado» al texto es del género femenino. Seguramente en este libro interrogué con radicalidad *absoluta* ese lado «femenino» que todos poseemos, independientemente de nuestra definición, o autodefinición, sexual. Es, desde luego, un libro profundamente *femenino* (que *ama* lo femenino, el «eterno femenino») aun cuando no sea ni feminista ni lo contrario.

Es un libro que *habla* a la inteligencia femenina que todos poseemos de forma latente o patente, en estado agreste o de forma cultivada.

Curiosamente, un libro así es casi el único, de todos mis libros, que no está dedicado. No *pudo* ser dedicado, por razones de coyuntura «cordial», en la época de su redacción. Pues desde luego un libro como éste tuvo su coyuntura «cordial». Por eso, en este tardío prólogo quiero poner remedio a esta ausencia llamativa y dedicar el libro a todos esos lectores y lectoras, cuyo nombre por lo general ignoro, que han podido llegar a «amar» este texto tan cortés.

II

El libro es autobiográfico hasta un grado inusitado, pero todo mi esfuerzo consistió en entregarme «al asunto», o «a la cosa», en vez de incordiar al lector con exhibicionismos anecdóticos. Fue un esfuerzo ímprobo, ya que hablaba de una víscera sangrante (propia) que en el curso mismo de redacción del texto se hallaba asaeteada por la *flecha de oro*. Escribir en esas circunstancias es toda una proeza. Pero así fue: surgió como una Minerva que, insólitamente, levanta el vuelo de la *inteligencia* en y desde la válvula cordial herida. Pero el libro era también, junto a un documento «objetivado» de mi propia percepción y experiencia en relación al «eterno femenino», una confesión. Así deben leerse quizá las páginas mejor escritas, las que dedico al doble arquetipo entrecruzado que determina una posible condición masculina: el doble arquetipo entrecruzado de *Don Giovanni* y *Tristán*. En esa intersección paradójica puedo reconocer y reconocerme, siempre que complique la *figura* con un tercer término (siempre hay un tercer término): el *Fausto*, el gran arquetipo que en este libro está ausente.

PRIMERA PARTE
PRÓLOGO EN EL CIELO[*]

> Di quell' amor che'è palpito
> Dell'universo intero,
> Misterioso, altero,
> Croce e delizia al cor.
>
> G. VERDI, *La Traviata*

Analizaré, en una primera aproximación, el amor-pasión (según la expresión stendhaliana), tomándolo como fenómeno y base empírica sobre la cual esbozaré una teoría general de la pasión en revisión crítica de reflexiones filosóficas sobre este tema. Las primeras páginas tendrán el carácter de un delineamiento general que enmarque la exploración que, de forma más detallada y entretenida, pienso llevar a cabo en el curso del texto, en el cual avanzaré de forma rigurosa a partir del *fenómeno* pasión, de manera que éste llegue a desvelar su propia razón o logos. En cierto modo este *tratado* seguirá marcha ascendente, desde lo más simple hasta lo más complejo (desde la pasión en su aparición inmediata hasta lo que será conceptuado como *pasión en y para sí*). Pero ese avance quedará implícito, de manera que el lector deberá entreverlo en el pro-

---

[*] El texto que aquí publico cubre íntegramente la primera parte de este *Tratado de la pasión*. A él seguirá una segunda parte titulada *Epílogo terrestre*, en la que examinaré la conexión intrínseca de la pasión con la violencia, la sexualidad y la muerte.

ceso de lectura. Se intenta llegar a una concepción de la pasión que permita esbozar una teoría epistemológica y social, a la vez que una ética y una estética. No me arredra el carácter ambicioso del empeño. Me he tomado el tiempo necesario para poderlo llevar a cabo en la medida de mis actuales posibilidades. Mi intención consiste en concebir la pasión como Idea nuclear desde la cual comprender la realidad. Un empeño filosófico en sentido riguroso. O si se quiere decir con máxima propiedad, un empeño ontológico. En él realizo lo que al final de mi libro *El artista y la ciudad* anuncié y prometí, de lo cual es *prolegómenon* mi *Meditación sobre el poder*, texto en el que de forma sucinta expongo lo que en este tratado desarrollo ampliamente. Pretendo pensar la pasión de otro modo a como es pensada habitualmente. No la concibo como negativa respecto a la acción, sino como positividad que funda la acción. No la concibo como rémora del conocimiento racional, sino como base empírica de éste. No la pienso tampoco como alternativa a la acción, a la praxis o a la razón, sino como principio fundador de estas instancias, a partir de presupuestos racionalistas y de una valoración real de la acción. El hecho de que critique la estrechez de cierto racionalismo o de ciertas éticas de la acción no significa que mi propuesta sea irracionalista o vaya contra la Idea misma de acción. Muy al contrario, mi intención consiste en reconstruir el orden racional y el orden de la actividad, la razón teórica y la razón práctica desde bases sólidas. Y para mí esas bases sólo pueden ser pasionales. Por idénticas razones no pienso tampoco la pasión como defensa de los derechos de la subjetividad frente a la objetividad, como valoración del alma frente al universo cívico y político. Si bien la pasión *se presenta*, como veremos, negativamente respecto a la sociedad humana (al menos así aparece en la primera forma legendaria que propiamente corresponde a lo que entendemos por amor-pasión), es posible apurar el fenómeno pasión hasta encontrar determinaciones intrínsecas que la refieren al orden comunitario y social. Mi pretensión es pensar la pasión como principio de toda comunidad y sociedad. Mi reflexión tiene el prurito de ser una reflexión social y política. Lo cual no impide que lleve a cabo una enérgica crítica de las ideologías sociales y políticas que cubren con un velo nuestra aprehensión de los fenómenos de este territorio. Nada más lejos de mi intención que valorar la pasión a costa del mundo de la producción y de la praxis. Mi posición es, en todo, afirmativa y positiva. No pretendo destruir sino aquello para lo cual poseo alguna clave reconstructiva. Mi intención es, por esta razón, redefinir, recrear. De ahí que apure conceptos que, en mis libros anteriores, había criticado y descartado, así el concepto de *sujeto*, que en este discurso es redefinido y reconstruido, sólo que en términos de *sujeto pasional*.

Espero que el lector exigente no se enerve con mi propensión a dulcificar los rigores de la estructura interna del texto con exigencias estilísticas en las que juega algún papel el placer de escribir. Espero, asimismo, que el lector menos exigente no sucumba en los pasajes en que recorro algunas de las filosofías que critico con cierto entretenimiento. Escribo para fieles y para infieles, en una pretensión de síntesis entre el estilo académico (en el que profundamente creo, cuando responde en verdad a ese distinguido adjetivo) y el estilo ensayístico (que me permite sugerir cuantas digresiones laterales creo necesarias para la máxima comprensión del fenómeno que aquí pienso tratar). No aceptaré, pues, críticas que cuestionen de partida el lugar estilístico en que me sitúo, aunque sí aceptaré, obviamente, se me diga si he alcanzado o no el objetivo propuesto. Este *Tratado de la pasión* constituye la tercera y última parte de la trilogía iniciada por *La dispersión* y continuada por *Meditación sobre el poder*.

Toda filosofía que se precie es siempre filosofía de la experiencia. No hay otro punto de partida que el empírico. El método consistirá, entonces, en abrirse a la experiencia, acotando en lo posible un fenómeno que pueda ser reconocido. Ese fenómeno pretende ser, bajo ciertas condiciones históricas y culturales, o psicológicas y sociales, *común*, arrancado de la experiencia humana, que es aquella que puede resultarnos más próxima. En ulteriores avances de nuestro *tratado*, ese común deberá ser determinado hasta aparecer en su plena singularidad. El fenómeno a que me refiero es la pasión, y en particular el amor-pasión.

Una vez acotado el fenómeno será necesario producir un salto a la teoría, ya que sólo desde ésta puede abrirse aquél a un genuino nivel de comprensión y reconocimiento.

De momento me moveré todavía en un plano puramente abstracto: o en un orden de experiencia todavía poco determinado, o en un orden conceptual y teórico todavía demasiado general. En avances siguientes iré, poco a poco, aproximando estas dos polaridades necesarias en todo *tratado* con pretensiones explicativas, recurriendo al método fenomenológico. El carácter polémico del texto no debe impedir al lector la clara percepción del avance que en él se va consumando página tras página.

Alma a quien todo un dios prisión ha sido,
venas que humor a tanto fuego han dado,
médulas que han gloriosamente ardido,
su cuerpo dejará, no su cuidado;
serán ceniza, mas tendrá sentido;
polvo serán, mas polvo enamorado.

Francisco de Quevedo,
Amor constante más allá de la muerte

Cabe decir del amor lo que en otro tiempo se decía del ser: «el amor —en efecto— se dice de muchas maneras». Antes de proceder a una investigación sobre qué sea el amor, sobre su esencia o su naturaleza, conviene tener bien clara la referencia empírica sobre la que se está reflexionando, único modo de evitar discursos vacíos o estrictamente «formales» que poco o nada nos informan de las cosas mismas. Quiero, pues, partir de una base empírica lo suficientemente clara, conocida y concreta para que no haya lugar a equívoco acerca de aquello de lo cual se está tratando. Quiero referirme a una situación que sea máximamente común, de manera que todos, por acción o por omisión, por activa o por pasiva, nos podamos sentir coimplicados. Quiero aludir a un fragmento de vida que sea suficientemente importante o relevante, de forma que sobre toda queja o protesta respecto a la falta de sentido del objeto de mi reflexión y de los enunciados a los que puede dar lugar. Quiero referirme a una relación amorosa, a cualquier relación amorosa, a una situación en la cual, uno al menos de quienes componen el *rapport*, sea éste dúo, trío o cuátuor, vive esa experiencia, extremada e incasillable, que se denomina *enamoramiento*, experiencia que tiene todas las apariencias de una *posesión* y que trae a la boca una palabra de reconocida significación, la palabra *pasión*. Y en particular la expresión, de rancio abolengo stendhaliano, *amor-pasión*.

Detengo por un momento mi pluma con el fin de que cada lector sitúe donde le plazca el curso de su reflexión, de su experiencia, de su recuerdo. Que no se me diga a posteriori que hablo de cosas abstractas ni que me refiero a situaciones sin verdadera relevancia *objetiva*. Nada más relevante que ese estado anímico al que acabo de referirme. Sin querer generalizar, cosa siempre impropia, improcedente, puedo atreverme a afirmar que ese estado es, junto con algunos pocos más, uno de los estados que mayor relevancia real y objetiva tienen en la vida de todos nosotros, cosa que se pone claramente de manifiesto en los efectos, positivos y negativos, que suele producir, efectos que dan lugar, en ocasiones, a verdaderos cambios interiores y exteriores, a transformaciones profundas de la personalidad, a innovaciones sorprendentes y a regresiones alarmantes. Con lo cual me limito a afirmar que se trata de algo importante que merece ser pensado, reflexionado. Y que, por consiguiente, tiene derecho a ser tratado como objeto relevante de una reflexión filosófica.

Lo cual podría quedar supuesto y sobreentendido a no ser por el escaso trato de favor que dicho tema parece despertar en un auditorio filosófico. Sorprende, en efecto, el poco entusiasmo con que el amor-pasión es recibido en la literatura filosófica, si se exceptúan algunas excepciones honrosas. Excepciones que, sin embargo, son demasiado equívocas en ocasiones como para que pueda despejársenos la sospecha respecto a que el amor al saber que, etimológicamente, constituye la savia misma de la filosofía sea sentimiento congenial o afín con ese otro que llamamos —y ya veremos, llegado el caso, por qué razón— *amor-pasión*. Exceptuemos al respecto, y con reparos, el preclaro precedente platónico, expresado en el *Banquete* y especialmente en el *Fedro*, donde se habla del amor, si bien de muy irónica manera; donde se afirma, además, cómo el enamorado es el favorito de los dioses y el poseído por una divinidad, o por una semidivinidad (para decirlo exactamente); donde se dice de éste que se halla poseído y fuera de sí, literalmente loco, si bien su locura es una especial locura, una *zeía manía*, una locura divina. Exceptuemos, pues, esa irónica *valoración positiva* de la pasión, en lo que tiene de posesión y de enajenación, por parte de un pensador que sabe extraer rendimiento lógico y racional de ese estado en el que el sujeto pierde su propia mismidad, y con ella la compostura, la dignidad y en ocasiones la vergüenza de sí mismo.

No quiero decir con ello que ese sentimiento no quede registrado en la literatura filosófica. Quiero decir, simplemente, que no suele ser valorado positivamente, o que no suele situarse, dentro de la jerarquía de los valores éticos, en rango demasiado sobresaliente; o que en multitud de ocasiones suele ser sencillamente considerado como sentimiento atentatorio al principio racional de autoposesión del espíritu o del pensamiento o al principio ético de autarquía e independencia que parecen ser premisa de toda fundamentación epistemológica y de toda ética de la libertad. Lo cual, bien mirado, no es en absoluto desencaminado, aunque sí mueva a reflexión el empeño filosófico por fundar un proyecto de razón que menoscabe el sujeto amoroso o un proyecto de libertad que intente poner en cuarentena los derechos —si así cabe hablar— del sujeto pasional. La pregunta obligada es, a este respecto, por qué la filosofía parece espontáneamente abocada a fundar una razón yuguladora de su base pasional; por qué la filosofía sitúa en rango supremo y cuasi-divino la libertad entendida como principio de autarquía e independencia. Y hablo de una filosofía espontánea, o de lo que bien pudiera denominarse «la ideología espontánea del filósofo», esa que desde los griegos a los estoicos y de éstos a Descartes, Spinoza, Kant y el idealismo alemán, por citar algunos de sus «momentos estelares», no hace sino repetir, en variaciones de un único tema, las mismas ideas acerca de una fundación de la razón como premisa de una subjetividad libre y autárquica que ha logrado vencer el yugo cautivador de la pasión que llega o puede llegar a *enajenarla*.

Quizá sea Spinoza quien, de forma más consciente y manifiesta, evidencia esa ideología espontánea del filósofo y le da la forma racional más prístina, acabada y perfecta. En su *Ética* se intenta reconvertir el orden pasional en el orden, obviamente superior, de la actividad, en nexo intrínseco con el orden racional de las «ideas adecuadas». Y el amor queda sublimado, en su forma más pura y perfecta, de la rémora de *padecimiento* que posee todavía a nivel del Modo Finito, hasta mostrarse como algo intelectual y racional, amor intelectual de Dios, forma activa en virtud de la cual el amor (que es, en tanto que pasión, alegría acompañada del concurso de una causa exterior) alcanza, con su interiorización consumada, su adecuación racional o, para decirlo hegelianamente, su «concepto». El amor-pasión, del que obviamente no se habla, al menos en estos términos, podría corresponder en la *Ética*, a uno de esos excesos del amor como forma de pasión en el que el enamorado, fijado a un solo objeto de atención, se halla perdido para el conocimiento y en un estado mórbido de incapacidad para razonar y actuar de múltiples modos posibles, siendo por consiguiente figura poco menos que ridícula y lamentable, lo cual, bien mirado, podría suponerse lógica filtración de una ideología de esa época racionalista en la que, también en el campo teatral, inclusive en la tragedia, se emitía o solía emitirse un duro juicio sobre aquel que sucumbía al imperio de la pasión y, en particular, de la pasión amorosa. Pero esa peculiar justicia poética es, en filosofía, algo que trasciende cualquier normativa clásica o clasicista, ya que la encontramos por todas partes, sin descontar cuánto haya de ironía en el ambiguo juicio platónico, que es, sin embargo, taxativo respecto a la supremacía del filósofo capaz de autodominio y autarquía frente al comediante o al poeta —hermanos gemelos del enamorado— que se dejan arrastrar por la *epizumía* o *cupíditas*, caballo negro que sólo mediante discursos razonables y persuasivos podría llegar a ser «instrumentalizado» para fines superiores.

Cuando no es definitivamente repudiado —cual sería el caso extremo protagonizado por nuestro Ortega y Gasset, que lo considera una enfermedad de la atención y lo juzga en términos casi insultivos, embobamiento e idiocia—, cuando no es dulcificado o mitigado hasta sublimarse en *filia, amicitia,* amistad, cabe entonces todavía una tercera y más ladina operación a hacer con el amor-pasión, a saber, instrumentalizarlo, convertirlo en medio para un fin, o extraer de él determinado *rendimiento*. Entonces el amor-pasión será peldaño del camino para una contemplación de lo Bello o para una concepción y procreación en lo Bello, será «flechazo» desencadenante de una relación personal-real en la que la unión pierda su carácter de sacudida y subversión hasta trocarse en legalidad e institución, bien fundamentada en una razón moral y teológica que lo eleve a la condición de sacramento. El enamoramiento será entendido y valorado como algo transitorio que adquiere su sentido más allá de sí, en un estadio distinto y superior. El enamoramiento será concebido y juzgado —inclusive justificado— como el anzuelo del que se vale la razón teológica para realizar sus fines racionales, contemplativos, reproductivos, institucionales o legales. El carácter *intrínseco* del enamoramiento queda de esta suerte constantemente evitado. La posibilidad de una apreciación o estimativa «en sí y por sí» de ese estado queda, pues, impedida a priori. Con lo cual se pone de manifiesto cuán justificado estaba hablar de ideología respecto a lo que se infiere de estas operaciones, que tienen todas ellas un carácter prejudicativo, o que emiten juicios que son, como suelen ser tantas veces los juicios, verdaderamente prejuicios.

Llegados a este punto del discurso importa someter el objeto del cual estoy aquí tratando a la prueba platónica de la división según sus articulaciones naturales. Se trata, por consiguiente, de diferenciar, dentro de la especie «enamoramiento» (particularización del género supremo «amor» que aquí nos importa establecer como punto de referencia) dos especies inferiores o subespecies en las cuales podamos dividirlo. Se trata, pues, de distinguir términos que hasta ahora he utilizado confusamente.

He hablado de la descripción platónica del enamoramiento, que concibe éste como un rapto o posesión del alma del enamorado por parte de una deidad o semideidad, la cual en el *Banquete* es llamado *Eros*, ser intermedio y mediador entre inmortales y mortales, verdadero genio o demonio. He empleado asimismo la noción amor-pasión, cuya raigambre stendhaliana debiera inducirnos a explorar el célebre tratado del gran novelista *De l'amour*, donde se divide el amor, entendido como «enamoramiento», en cuatro subespecies, amor-pasión, amor-placer, amor físico y amor-vanidad, sin que se establezca, sin embargo, otra referencia respecto al primero salvo la alusión ilustrativa a los casos paradigmáticos que recubre: los célebres amores del monje Abelardo y Eloísa, la monja portuguesa, etcétera.

Importa por de pronto destacar un aspecto característicamente platónico, y en general griego, del amor, a saber su aspecto unilateral y no recíproco: el hecho de que sea sólo el amante el poseído por el dios o semidiós Amor, mientras que el término del amor, el amado, es respecto a aquel *objeto*. Objeto del amor, pero no sujeto de amor a su vez. El que es amado no ama a su vez o no tiene por qué amar. Es, ante y sobre todo, el hermoso mancebo o efebo que constituye el objeto del anhelo del maestro o pedagogo, que ama en él esa belleza juvenil que a su cuerpo envejecido falta, y que introduce, como término asimétrico de reciprocidad, un intercambio anímico y pedagógico que puede producir, llegado el caso, una auténtica transmutación de la relación, así en el caso protagonizado por Sócrates y por Alcibíades.

No me demoraré en la célebre y sobradamente conocida progresión que establece Platón en el *Banquete*, en el discurso de iniciación que emite Diotima ante su iniciado Sócrates, donde se despliega todo el curso que sigue el alma enamorada o poseída por Amor (el conocido camino o ascenso de *Eros*) hasta llegarse al verdadero y adecuado objeto de su anhelo, a saber, la Belleza, o para decirlo en propiedad, la Idea de Belleza. La cual es obviamente amada y anhelada sin que de ella pueda decirse que ame a su vez. Sobre este particular se pronuncia Aristóteles de forma clara y tajante: la Inteligencia pura e inmóvil, puro acto, que es, para este pensador, el *términus ad quem*, perfecto y divino, de toda voluntad ética de perfeccionamiento, ese Primer Motor que es Causa primera es objeto de amor y anhelo por parte del alma, sin que pueda decirse que ame a su vez, ya que si amara estaría sometida a movimiento, lo cual, dentro del horizonte intelectual griego, equivale a imperfección. Ese Dios aristotélico, por consiguiente, no se mueve, pero mueve, no ama, pero es objeto de amar. Alcanzado el punto en que el alma hace su encuentro con el objeto de su anhelo, puede afirmarse entonces que aquélla deja de amar, ya que nada le falta, logrando plenitud y «felicidad» en ese estado de acoplamiento —a la vez copulativo y racional— con el ser que era objeto de su persecución. En cierto modo dejaría entonces el alma de ser «alma», desprendiéndose de la mácula de finitud correspondiente a sus estratos «inferiores», hasta ser inteligencia pura y prístina. De todo lo cual se desprende una consideración del amor, *Eros*, como un estado imperfecto que debe ser trascendido y rebasado en un estado superior, donde no hay propiamente amor, en lo que éste connota «insatisfacción», «infelicidad» y «sufrimiento». Como veremos, este punto diferencia nítidamente el amor griego y la ética que lo sustenta de otras formas de amor que deberán definirse en el curso de esta reflexión.

Respecto a este modelo, que bien podríamos llamar en rigor *erótico*, del amor griego, ¡qué diferente se nos presenta el modelo paradigmático y mítico del amor-pasión! Modelo paradigmático y mítico que no es otro, que no puede ser otro, que el amor de Abelardo y Eloísa, según señala Stendhal como ejemplo preclaro de esta especie en la cual encontraríamos obviamente los amores inmortales de Romeo y Julieta o de Tancredo y Clorinda o del Aquiles y Pentesilea de Kleist o, para remontarnos al mito de origen, a Tristán e Isolda, mito que desde la oscura Edad Media invade el alma y la sensibilidad europea y occidental hasta convertirse en el patrón mismo de lo que puede entenderse por amor-pasión. Y en particular por *pasión*.

Ya desde ahora se puede, pues, comenzar a introducir la diferencia primera y más visible entre el *Eros* platónico y el amor-pasión, siquiera sea por razón del carácter unilateral y no recíproco del primero, y por el carácter dual, dialéctico y recíproco del segundo, en el cual es obvio y obligado que ambos, los dos, el dúo de amor, llámense Abelardo y Eloísa, llámense Tristán e Isolda, viven al parecer *la misma pasión*, sufren de una misma *posesión pasional* que, para mayor abundamiento y realce escenográfico de la misma, aparece en la leyenda medieval de Tristán presentada como efecto y resultado de la ingestión de un preparado, filtro o bebedizo llamado «filtro de amor» que hace a ambos esclavos y cautivos de la Pasión, verdaderas víctimas sometidas a la tiranía del Dios Amor, Amor Tirano que los tiene en sus manos, con absoluta entrega de su voluntad y con absoluta hipoteca de su libertad e independencia, a modo de títeres de una fuerza superior que rebasa el control racional y el autogobierno de cada uno de los dos.

Nada me placería tanto como tratar un tema tan comprometido como el amor o tan apasionante como la pasión según un orden y conexión de inspiración platónica y spinozista, de manera que el orden «geométrico» permitiera introducir una distancia irónica y objetivante respecto a algo cuya proximidad puede abrumarnos, si no abrasarnos. Me voy a limitar, sin embargo, a establecer una muy rudimentaria enumeración que apenas pretende ser clasificatoria de los rasgos que me parecen definir eso que podemos llamar amor-pasión, con lo cual no hago sino establecer algunos lugares comunes reconocidos por todos aquellos que han tratado la materia. Espero me excuse el lector sobre este proceder escolástico que empleo únicamente con el fin de incorporar en mi discurso el acervo de tradición sobre el tema. Y así, sin más dilación, procedo a enumerar y comentar (muy telegráficamente, por cierto) los siguientes rasgos del amor-pasión, introduciendo el orden numeral como elemento humorístico:

1. Es, como hemos visto, un amor recíproco, diferenciándose en este punto del *Eros* platónico o aristotélico.

2. Amor recíproco entre hombre y mujer, a diferencia del griego, homosexual; a diferencia también de la única relación que en el contexto feudal, previo a lo que Denis de Rougemont denomina «la revolución psíquica del siglo XII» (trovadores y troveros, amor cortés, novelas de caballerías, leyenda de Tristán), podría semejar una pasión, a saber, la relación del héroe con el amigo del héroe, de Orlando por Oliverios, o del vasallo por su señor, o de éste por su vasallo (así por ejemplo la pasión, claramente homosexual, del propio rey Market por su primero entre los pares amén que hijo adoptivo Tristán). En el propio mundo griego homérico advertimos también esa cuasiexclusividad de la pasión en la relación homosexual, la que siente Aquiles por Patroclo.

3. Amor recíproco entre *un* hombre y *una* mujer, con lo que ello connota de exclusividad y de fidelidad, de modo que el amante debe perseverar en su elección hasta la muerte, a diferencia en ello del consejo platónico (una vez amado un cuerpo debe el amante acostumbrarse a percibir el rasgo de belleza desvelado en ese cuerpo también en otros cuerpos, pasando de un cuerpo a muchos cuerpos, y más adelante, en un estadio superior, de un alma a muchas almas...).

4. Donde la mujer es objeto excelso y privilegiado, superior en rango ético al amigo o compañero de armas, de manera que el vasallaje que se le rinde sobrevuela incluso al que se rinde al señor, de modo que en el conflicto eventual entre ambas fidelidades o vasallajes, razón de honor y razón de amor, se sitúa la segunda Razón por encima de la primera.

5. Donde la mujer es, asimismo, sujeto de amor, siendo en ocasiones (Blancaflor ante Rivelino, la propia Isolda, en cierto modo, respecto a Tristán) quien primero siente la llamada y sacudida de la pasión, que es descrita por el novelista con idéntica, si no mayor, minuciosidad que en el despertar pasional del varón.

6. El cual varón es muchas veces objeto de minuciosa descripción y de deleite (sus bellas y bien conformadas piernas, su elegancia, la hermosa armadura que lleva, su compostura galana…) mientras rasgos más bien generales y emblemáticos definen a la mujer (su cabello rubio, su semejanza con el Sol).

7. El amor-pasión constituye una posesión de la voluntad —que en el relato de *Tristán* se escenifica por medio de la ingestión del mágico filtro de amor— que anula la fuerza activa de ésta, privándole de libertad y haciéndola cautiva. De ahí que Amor sea concebido o representado como un Tirano que somete a cautividad a las víctimas de las que toma posesión o sobre las cuales ejerce su poder y su dominio.

8. Esa cautividad, en el relato de Gottfried von Strassburg especialmente, es concebida como superior y más deseable que cualquier libertad. Funda lo que Von Strassburg denomina la «nobleza del corazón» (este novelista dedica el relato a aquellos seres, nobles de corazón, que saben del amor porque han sufrido su dominio y las tribulaciones que ese dominio implica). Chrétien de Troyes, en un bello fragmento, dice que nada en el mundo «quiere» sino ese padecimiento que sufre por amor y que nada afirma su voluntad con mayor empeño que ese afecto que hace a su voluntad cautiva. Esta preeminencia del cautiverio (amoroso) sobre la libertad (sin amor) es, como veremos, importantísima para nuestros fines: para cuestionar lo que hemos llamado anteriormente la «ideología espontánea del filósofo». Se insinúa, en el contexto medieval, una «ética» que presenta como valor máximo el cautiverio y la enajenación (amorosos), por encima incluso de la libertad; una ética paradójica que habla de una *libre determinación de la voluntad a su propia anulación* como objetivo ético supremo.

9. No busca el enamorado o el poseído por Amor prioritariamente el placer, ni siquiera la felicidad. En cuanto al narrador o poeta, no canta ni exalta ese placer ni esa felicidad. Lo que se destaca,

por el contrario, es la imbricación inexorable, en el sujeto amoroso y pasional, de felicidad y desgracia, de goce y sufrimiento, de padecimiento y placer, de manera que el enamorado ama su propia desgracia y la prefiere a cualquier felicidad, o es feliz en medio de los más ásperos tormentos o cobra placer de las situaciones más dolorosas.

10. Ello da lugar a expresiones paradójicas que requieren un lenguaje dialéctico: «mi alegría es mi desgracia», «el dulce tormento», «mi enfermedad es mi salud», «la locura llamada amor es la máxima cordura», expresiones que darán lugar al lenguaje místico («vivo sin vivir en mí... muero porque no muero»). Gottfried von Strassburg, hay que decirlo, era un consumado dialéctico. La época de surgimiento y esplendor de ese nuevo sentimiento llamado Amor Pasión es también la gran época de la dialéctica (problema de los universales). Abelardo fue el más grande dialéctico de su época, a la vez que el protagonista de la primera historia conocida de Amor Pasión.

11. He dicho «nuevo sentimiento» refiriéndome al Amor Pasión y he dicho mal, ya que, en el contexto medieval al que me estoy refiriendo, no puede hablarse en general, ni en particular respecto al Amor, de *sentimiento*. Para que haya sentimiento ha de haber, ante todo, un sujeto que siente, un alma entendida o concebida como instancia subjetiva. Sólo entonces Amor puede ser entendido como sentimiento —y el Sentimiento como objeto de la moderna ciencia del alma, de la psicología—. Amor no es, en efecto, instancia psíquica en el sentido de la psicología. ¿Cuál es entonces el estatuto ontológico de Amor?

12. No es sentimiento, no es fuerza psíquica; pero tampoco puede decirse que sea, como en Platón, fuerza cósmica. *Eros* es, en Platón, un *Daímon*, genio o demonio que asegura la mediación entre el mundo supraceleste y el terrestre, confiriendo unidad al Todo. Y bien, Amor no es, en Gottfried von Strassburg, ni en general en las novelas de caballerías o en la poesía llamada «alegórica», una fuerza cósmica. Ni fuerza cósmica ni fuerza psíquica; ni instancia objetiva cosmológica ni instancia subjetiva anímica. ¿Qué es, entonces...?

13. Podríamos decir, siguiendo a Lewis, que Amor tiene estatuto alegórico. No cosmológico ni psíquico, sino alegórico: un pun-

to intermedio que suele pasar desapercibido entre las dos concepciones del amor, la griega o pagana y la moderna; un estatuto que posee su intrínseco lugar, pese a que solemos considerarlo siempre como consecuente o antecedente de los dos extremos, que nos son más conocidos. Todo aquello que en el paganismo es instancia divina o semidivina, responsable de cuanto al hombre le pasa, todo aquello que en la modernidad es instancia que remite a la subjetividad, así el amor, el odio, la esperanza, la desesperación, la razón o la sinrazón, aparece en el Medioevo como entidad alegórica, rubricada por la letra mayúscula: Amor y Odio, Esperanza y Desesperación, Razón y Sinrazón. Amor no es Venus, deidad olímpica que se apodera del alma y de la voluntad de Helena y hace con ella lo que quiere (enamorarla de Paris, en contra de su voluntad). Amor no es tampoco afecto cuya raíz se halla en el interior de la subjetividad o en los demonios interiores al propio sujeto (en lo Inconsciente). ¿Qué es, pues, amor? ¿Qué significa «el estatuto alegórico de Amor»?

Piénsese en Lancelot, en su busca de la reina Ginebra. Un enano le indica que debe subirse a la carreta si quiere llegarse hasta la reina, raptada por un rey mago y malhechor. Subir a la carreta, que es donde se transporta a quienes van a ser ajusticiados, significa automáticamente perder Honor. Lancelot *duda*. Y he aquí que entonces su alma se convierte en sujeto paciente de un coloquio, debate o asamblea entre Razón (que le dice, no subas a la carreta, pues perderás Honor) y Amor, que le recuerda su fidelidad con la reina, fidelidad de Amor, que está por encima del Honor...

Y bien, Amor y Razón tienen aquí estatuto alegórico. Son, si se quiere decir así, *fuerzas subjetivas objetivadas*, forma primera de presentarse, por tanto, la subjetividad: *formas anímicas personificadas*. El sujeto se reconoce en ellas y en los conflictos que entre ellas se producen. Todo lo cual establece las premisas mismas de la subjetividad: su naturaleza dubitativa y conflictiva. En estas novelas, los enamorados sufren continuamente conflictos consigo mismos y se hallan constantemente aguijoneados por la duda. Lo que Stendhal encontrará como características esenciales del amor, sólo que desde una perspectiva naturalista y «científica» (de moderna psicología) —la duda, el conflicto de uno consigo mismo— aparece ya en esta producción medieval, pero no como conflicto y duda del alma, sino como conflicto entre entidades que pueblan el alma (simbolizada en términos de fortaleza asediada por enemigos o por pretendientes) y que sumen a ésta en la indeterminación de la duda.

14. Pero Amor no se agota en esta determinación de su estatuto alegórico, ya que sobrevuela a otras «figuras» (Esperanza, Desesperación, Razón), situándose en el vértice de una jerarquía a modo de principio primero o de Divinidad, fundando lo que ha venido a llamarse un «feudalismo del amor». Sólo que ese Amor, concebido ambiguamente como Dios y Único Dios —fundante de una misteriosa «religión del amor»— no sería divino en el sentido en el que griegos o paganos entenderían «divinidad», sino más bien en términos relacionados, de misteriosa manera, a las concepciones revolucionarias del cristianismo relativas a un Dios que trasciende cualquier instancia, psíquica o cosmológica, un Dios Trascendente que es creador y fundador de la inmanencia. Y un Dios que, desde san Pablo y, fundamentalmente, desde san Juan, es concebido como Amor, Dios-Amor. Más adelante desarrollaremos este punto importante.

15. El amor-pasión quiere un imposible, continuamente subrayado por Gottfried von Strassburg, «que dos sean uno». Pretende rebasar el estatuto individual de la pareja unida en dúo de amor, hasta alcanzar un punto de fusión del dos en uno. Y acaso del uno en Uno. Ese imposible sólo se resuelve en el instante de la muerte. Pero de una muerte que es «muerte a dos», un genuino «duo-cidio», en el cual cada uno vive o pretende vivir su muerte y la del ser amado, alcanzándose entonces la fusión. De ahí que el amor-pasión trame una relación intrínseca, desde su desencadenamiento, con la muerte (filtro de Amor, filtro de Muerte), o sea, *un amor que se desarrolla en el horizonte de la muerte*. Esa muerte es querida y deseada, es vivida como «verdadera vida». Esa Muerte de Amor es, en última instancia, el objeto propio de ese anhelo o deseo llamado amor-pasión.

16. Ese amor, a diferencia del *Eros* platónico, no es concebido como una imperfección; no es hijo de Escasez y Abundancia. No presupone ninguna carencia o falta. En eso se diferencia de lo que modernamente se llama Deseo. La «insatisfacción» que produce, lo

mismo que el padecimiento y la infelicidad que proporciona, es sentida como suma perfección y maravilla de ese amor. Lo que menos quiere ese amor es «satisfacerse», «consumarse». *Ese amor quiere retroalimentarse.* No tiene un objeto o una Forma como fin propio, en el que el amor pueda quedar rebasado en una unión feliz, copulativa o contemplativa, como en Platón, sino que *se tiene a sí mismo por objeto.*

17. Es, pues, *amor reflexivo y dialéctico*, amor que se tiene a sí mismo por objeto, que ama por tanto Amar (en el mismo sentido en que el pensar reflexivo piensa, antes que cualquier objeto, el hecho mismo de pensar). Es amor que ama Amar, anhelo que sólo desea anhelar. Por lo mismo, la satisfacción de este anhelo es sentida como suma desgracia y muerte verdadera del alma. Y bien: *ese estatuto reflexivo constituye lo que propiamente debe conceptuarse como pasión.* El sujeto pasional, que en este elemento se funda, es reflexivo y dialéctico, igual en esto al sujeto «activo» o «racional» de la filosofía crítica e idealista (Fichte, Hegel...). Sólo que lo que ese sujeto quiere es esa misma pasión que padece y sufre (no en cambio un pensamiento fundado en una Actividad Originaria).

18. Es, como ya decíamos, pasión con valor intrínseco, que no halla o alcanza su sentido ni su «verdad» fuera de sí, en una trascendencia contemplativa, reproductiva, lógico-racional o social. Pero ello no significa que no funde, como veremos —incluso puede decirse que sólo el sujeto pasional tiene poder fundacional—, un orden estético, epistemológico y «ético». Dicho de otra manera: el sujeto pasional *se expresa* en forma de arte, conocimiento o acción y producción. Él constituye la base firme, el *basso ostinato*, la premisa, idea esta que la filosofía suele olvidar, concibiendo la pasión como negativo de acción, de razón y de producción. Es la fuerza misma del sujeto pasional la que permite la expresión de éste en forma de razón, actividad y producción. Es el sujeto pasional el que está en la raíz del sujeto epistemológico y del sujeto práctico.

Cabría añadir otros rasgos que, sin embargo, en función de lo que quisiera subrayar y de lo que voy a decir a continuación, desestimaré por el momento.

He dicho al principio de este texto que su objeto era el amor y en particular el amor-pasión. He intentado delimitar los caracteres más sobresalientes de este último a partir de sus raíces históricas, esbozando una reflexión donde he cruzado las ideas ya conocidas al respecto con el esbozo de mis propias tesis. Éstas se insinúan con claridad en los tres últimos puntos (16, 17 y 18) que anteriormente enumeré con vistas a determinar los rasgos principales del amor-pasión. De momento me he dedicado a diferenciar lo específico, dentro de las concepciones amorosas, del amor que está en juego en la leyenda medieval del *Tristán*. Con este fin he diferenciado esa modalidad de amor de otras modalidades (así el *Eros* platónico y aristotélico). Antes de seguir por este camino conviene, sin embargo, reparar en el término *pasión* visible en el sintagma «amor-pasión». Se trata, por consiguiente, de *pensar* ese término o de determinar conceptualmente lo que esa palabra sugiere.

Palabra que nos proporciona el lenguaje corriente, con toda la carga de ambigüedades y entrecruzamientos semánticos con que éste suele revestirse. Lo cual no puede autorizarnos a un juicio despectivo del mismo y a un abandono del territorio que establece, como tienden a efectuar algunas filosofías de inspiración logicista. El lenguaje corriente es, seguramente, mucho más sabio e ilustrado de lo que, a primera vista, pudiera sugerir, mantiene subterfugios y reservas escondidas que hablan de un refinado arte de pensar. Por consiguiente, el método será o tendrá que ser el que el propio lenguaje corriente ofrece. Si produce ambigüedades y equívocos, seguramente tiene sus buenas razones para ello. Si crea palabras de doble o triple sentido es por razón de que en el corazón de lo que intenta expresar se dan cita varios caminos o recorridos semánticos. Eso sucede de forma bien marcada en lo que se refiere al término pasión.

Pasión, por una parte, se contrapone a acción, y este sentido es herencia y efecto de una vieja y escolástica distinción (*actio* y *passio*) de raíz aristotélica que, con sensible desviación de significado, reencontramos en múltiples legislaciones filosóficas. Da lugar a la distinción entre lo activo y lo pasivo, que son términos relativos, si bien el segundo se piensa a veces como privación o negación del primero: lo pasivo es el negativo de lo activo. Cuando se habla de pasión en términos psicológicos o éticos (así por ejemplo en Descartes, en Spinoza y en general en todo filósofo que escriba un «tratado acerca de las pasiones del alma») se mantiene el horizonte expresivo de esa primera distinción, de manera que nuevamente la pasión —y en general lo pasional— pasa por ser lo contrario de la acción y de la actividad. La pasión es negación de acción, siendo Acción —podríamos decir— *positividad éticamente cualificada.* Producir una distinción clara y tajante entre pasividad y pasión, o entre lo pasivo y lo pasional constituye, como iremos viendo, uno de los objetivos conceptuales de este tratado. En el cual se pretende pensar positivamente la pasión, librando al concepto que este término recubre la precodificación acción/pasión en que espontáneamente se inscribe por razón de una implícita ideología filosófica infiltrada en el propio lenguaje corriente.

Lenguaje que, sin embargo, toma sus propias medidas contra esas, llamemos, «infiltraciones», evidenciando con ello su ilustración y sabiduría. Y así es el propio lenguaje corriente el que designa positivamente la pasión, como algo que trasciende la dicotomía de lo activo y de lo pasivo, apuntando a un concepto que la palabra pasión, con la jerarquización de significados múltiples que coagula, expresa. En este sentido pasión tiene una significación positiva y, valga la inexactitud, «activa», sin dejar de connotar, en cambio, «pasividad», cuando se habla de la «pasión dominante» de un músico o de un poeta, de un político o de un enamorado, con lo cual se expresa acaso lo más propio o hasta el *poder propio* de cada uno, de manera que sea cierto decir que uno es su propia pasión o que el hombre es pasión, sin prejuzgar con ello si pasión útil o inútil. Pasión sobrevolaría, entonces, la dualidad de lo activo y lo pasivo; sería la *Aufhebung*, a la vez mantenimiento y suspensión, del sentido de los términos de esa dicotomía. Sería algo que sucede, ocurre o pasa, de tal manera que eso-que-pasa *constituye* ni más ni menos la subjetividad, que sería efecto de aquello que padece o sufre. Y eso que padece o sufre es, ni más ni menos, la pasión. Respecto a ella, el sujeto sería *efecto y resultado del poder de la pasión*, o consecuencia de un entrecruzamiento de distintas fuerzas pasionales. Esta determinación fenomenológica efectuada a partir del propio lenguaje corriente nos da la segunda ruta semántica del término, ya que pasión connota padecimiento y sufrimiento. Padecimiento y sufrimiento se opone, a su vez, a acción, a actuación e intervención: padezco y sufro de aquello de lo cual no soy yo causa adecuada. Se opone, asimismo, a goce, a placer, a dicha y felicidad. Pero esta segunda oposición, la oposición de padecimiento y goce o de sufrimiento y placer, debe ser cuidadosamente pensada y distinguida de la primera. Con frecuencia se cruzan ambas distinciones y se sobreentiende que actividad y goce forman un bloque de significación sintética frente a pasividad, padecimiento, pasión. Nada menos obvio, pese a que las éticas espontáneas de la filosofía, incluso sus más acabadas elaboraciones (Spinoza y Nietzsche) propenden a esas asimilaciones que deben ser seriamente cuestionadas. Ya hemos sugerido que el problema de la dicha, de la felicidad, del goce, del placer, es todo menos simple, habida cuenta que uno de los afectos más intensos —el llamado amor-pasión— según lo expresan aquellos que lo cantan o lo piensan cuestiona radicalmente la distinción entre felicidad o infelicidad, entre goce y desgracia, según aparecen en una aproximación primera y acrítica. Pasión significa, en efecto, padecimiento: el término alemán *Leidenschaft* lo sugiere de forma expresa, en tanto *Leid* es pena y *Leiden* significa sufrir. Mas ¿qué decir de un padecimiento que constituye positividad, afirmación, poder y acaso dicha? ¿O no es la pasión dominante que se vive eso, positividad, afirmación y dicha? ¿Dicha en la desdicha, placer en el dolor, gracia en la desgracia, felicidad en la infelicidad? Una reflexión filosófica sobre la pasión nos obliga a movernos en el terreno de la paradoja y de la dialéctica.

El poder de la pasión: esta sola expresión mueve a reflexionar, debe movernos a reflexionar. Y esa reflexión debe ir en dos direcciones diferenciadas e interconexas: en primer lugar, en dirección a la idea, noción, concepto de poder. En segundo lugar, a la idea, noción, concepto de pasión. Si hasta aquí me he limitado a señalar un agarradero empírico o fenoménico donde encontrar, en vivo, asociadas ambas nociones —y ha sido un enamoramiento, un trance de amor-pasión, el que del medioevo acá, desde Beroul, Thomas o Gottfried von Strassburg hasta Wagner (y si se me apura, hasta Bertolucci, Nabokov o Hitchcock) se asocia al tema del amor-pasión, personificado en la leyenda paradigmática de Tristán e Isolda—, ahora, una vez nos hemos encontrado con este sintagma, el que enuncia «el poder de la pasión», conviene abandonar provisionalmente el plano empírico y fenoménico y entrar en el «taller de las ideas», para decirlo en términos de Gustavo Bueno, procurando determinar máximamente ambas nociones, hasta que sean propiamente, legítimamente *ideas*.

Poder: el término encierra una polisemia que ha señalado en diversas ocasiones. En francés se muestra con toda su vivacidad en la distinción *puissance, pouvoir*. En la expresión nietzscheana *Wille zur Macht*, el término *Macht* (que recubre una connotación activa, de *Machen*, «hacer») hace titubear a los traductores que ora vierten el término por poder, ora por dominio o dominación. Caben por lo mismo dos interpretaciones, ambas legítimas, del *Wille zur Macht*, una de las cuales subraya el sustento de fuerza *(Kraft)* en el que la «voluntad de poder» se apoya, y que tiende a retrotraer la *W. z. M.* a la *puissance* spizonista o leibnizeana, particularizada, en el modo finito de ser, en el célebre esfuerzo o *conatus*. En esta línea interpretativa se inscriben quienes, desde Gilles Deleuze acá, perciben un secreto vínculo entre el «empirismo» spinozista de la *puissance* y el «empirismo» nietzscheano de las fuerzas activas y reactivas. La segunda interpretación, la que vierte *W. z. M.* por voluntad de dominio, voluntad de dominación, tendría en Heidegger su paradigma interpretativo, quien, como se sabe, considera a Nietzsche, y en particular a su filosofía de la *W. z. M.*, como el exponente en el cual se revela conceptual, filosóficamente, la voluntad científico-técnica occidental de dominación de la *fysis* por parte de la subjetividad, la relación de dominio que el sujeto de conocimiento (que es también sujeto de acción) establece sobre la naturaleza determinada y convertida en correlato objetivo (objeto) de esa su dominación.

Quienes hayan leído mi libro *Meditación sobre el poder* repararán en el intento de análisis y de síntesis de ambas interpretaciones y nociones, cuya legitimidad radica en que ambas se hallan mezcladas y confundidas en el propio Nietzsche en una sola teoría en la que, en un sentido característico del discurso teórico que señalé, respecto a Marx, en mi libro *Teoría de las ideologías*, se produce una «teoría fallida» por cruce de dos conceptos y concepciones que no están convenientemente diferenciadas. En mi libro sobre el poder, y en escritos posteriores, trato de deslindar «poder» y «dominio, dominación», un poco al modo de los teólogos medievales que, entre las jerarquías angélicas, distinguían «potestades» de «dominaciones». No siempre ni necesariamente el que social o institucionalmente (o estatalmente) se designa como fuerza dominadora o principio dominador expresa un efectivo y real dominio; o dicho de otra manera, también el que se halla sometido a dominio a juzgar por el marco exterior visible puede ser, de hecho, efectivamente, dominador. Es más, ni siquiera quien efectivamente domina puede considerarse necesariamente como aquel que expresa mayor poder. Quien de verdad expresa poder se halla en condiciones de ejercer dominio sobre quien expresa menos. Pero el hecho de que ejerza o no ese dominio nada dice necesariamente ni nada prejuzga a priori respecto al mayor o menor poder de que dispone. El poder se ejerce muchas veces a través de «acciones a distancia», y su expresión es, al modo de los Grandes Acontecimientos de que habla Nietzsche, con frecuencia silenciosa. El papel de verdugo y víctima no tiene correspondencia necesaria en la escala de las jerarquías de poder, de manera que la víctima es muchas veces quien, sin dominar, ejerce y expresa el poder, incluso silenciosamente o a través del más absoluto mutismo. Recuérdese la escena de Jesucristo ante Pilatos o la de cualquier mártir cristiano ante su verdugo, sea éste hijo del pretor o centurión. Respecto a lo que dice Nietzsche en la *Genealogía de la moral*: «ver sufrir produce placer, hacer sufrir, más placer todavía», siendo el agente del sufrimiento quien «descarga su poder sobre un inferior», hay que señalar que en ese contexto Nietzsche olvida que desde la posición de víctima se puede ejercer y descargar poder, pese al rol pasivo aparente de quien se halla en dicha posición. O que la víctima puede experimentar excelsos goces en un rol que, lejos de rehusarlo, puede muy bien afirmarlo plenamente. En toda la filosofía del poder de Nietzsche está ausente esa «perspectiva de la víctima» que permitiría producir el pasaje de una teoría unilateral, plana y lineal del poder (sobreentendido como fuerza, con la connotación de actividad) a una concepción o a una teoría «de la relatividad del poder». Que asimismo permitiría una «teoría de la relatividad» respecto al goce. Ni que decir tiene que toda nuestra alusión al amor-pasión se debe al hecho de que el poseído por esa «bella fiebre» se sitúa inevitablemente en posición de víctima. Sólo que, en principio, quien ejerce dominio sobre ella no es el Otro real al cual se refiere su amor sino, acaso, el objeto o Idea que el propio sujeto se hace de ese otro, en oscura mixtura con la proyección objetivamente de su propia esencia. De hecho, quien domina es Amor, que en la literatura alegórica fue pensado como Dominador y como Tirano. Sin embargo, esa Tiranía, ese Dominio, hace que la víctima exprese y afirme máximamente su poder, *puissance*, de manera que el enamorado, cosa constatada por Platón y por la más reciente literatura psicoanalítica al respecto, alcanza en ese estado una auténtica mutación que le reconduce a las fuentes de sí mismo, expresando «virtudes» escondidas y sepultadas que sólo entonces salen a la luz, embelleciendo su físico y refinando máximamente su inteligencia y, si cabe, ensanchando plenamente su atención (punto este tergiversado plenamente por Ortega y Gasset). Eso hace pensar en cierta superación de la dualidad del rol activo y del pasivo en lo que aquí designamos como sujeto pasional, que, sin embargo, retiene del rol pasivo el estatuto de víctima sacrificial o de sujeto sometido a Pasión (esta vez en el sentido teológico de Pasión).

Hablar o escribir sobre el amor es operación harto comprometida. Ortega llegaba a afirmar, y le sobraba razón para decirlo, que al hablar de algo tan íntimo como el amor uno termina contando o confesando su propio caso. Parece eso riesgo inevitable respecto a lo cual sólo es posible tomar cuantas precauciones puedan disponerse. Agustín García Calvo afirma con frecuencia que sólo puede hablarse «a la contra» y que sólo el silencio podría acaso preservar la positividad de las pocas cosas que valen. Me permito en este punto disentir de alguien a quien profeso verdadera estima personal e intelectual, quizá porque no atribuyo al lenguaje un poder fuera de toda medida y menos aún una potencia exclusivamente negativa. He dicho antes que el lenguaje corriente es más sabio e ilustrado de lo que a veces suele afirmarse en filosofía. Añadiría aquí que es también más cuidadoso y mejor custodio de las cosas valiosas o estimables de lo que se afirma a veces, de manera que sólo con reservas y en circunstancias determinadas puede afirmarse que «la letra mata». La paradoja de García Calvo la entiendo como catártica advertencia respecto a cuantas precauciones son necesarias para hablar de algo que no puede ni debe emponzoñarse con discursos arrasadores o impositivos. Todo este introito me sirve para «dar largas» al difícil periplo que ahora me espera, en el cual, de una reflexión irónicamente distanciada con distingos conceptuales, enumeraciones y escarceos clasificatorios, quisiera pasar a la más ruda de las *empirías*, sin siquiera resguardarme en la calma objetivación de lo fenoménico en el terreno mítico y legendario de la novela, de la ópera o del filme. Se trata de introducir puntos de referencia concretos que, en el caso que me ocupa, podrían sugerir ni más ni menos fragmentos de un «consultorio sentimental». Y bien, no quiero evitar la asociación, sino al contrario, reforzarla...

Parto, pues, de «protocolos de experiencia», por decirlo dentro del más sabroso lenguaje de la epistemología positivista. Añadiré, desde luego, que cualquier parecido con alguna cosa de la realidad es mera coincidencia. Comoquiera que, por formación escolar, simpatizo biológicamente más con el jesuitismo que con el empirismo científico, diré simplemente que pienso moverme, de ahora en adelante, en el terreno sin fronteras de la casuística.

Uno está en el mundo y oye los discursos del mundo, o para decirlo en términos de García Calvo, uno oye los discursos que el mundo se dice a sí mismo y a través de los cuales acaso se crea y se recrea. Esos discursos algo dicen respecto al hombre y a la mujer; por ejemplo, que el hombre es agente dominador y que la mujer está oprimida o que es sujeto paciente, dominada y víctima. Se habla del poder establecido y estatal como poder viril o poder del macho, ejercido sobre la hembra como poder subyugado y tiranizado. Pero dejemos el mundo, con sus pompas y vanidades. Dejemos, pues, que el mundo siga hablando consigo mismo en estruendoso soliloquio. Y al igual que nuestra pareja Tristán el Triste y la reina Isolda, Yseult la Blonde, según les llaman nuestros antecedentes medievales, juzguemos y condenemos ese mundo de la gloria, del honor y la disputa que es el mundo del Día y refugiémonos, fuera del mundo, en la misteriosa Cueva del Amor, esperando hallar en su interior claves y teclas escondidas que nos aproximen más a la verdad que aquí buscamos. Verdad que es, al decir de Nietzsche, mujer, siempre mujer. Tomemos como objeto de consideración, por consiguiente, la infraestructura que está en la base de todas esas superestructuras —jurídicas, morales, ideológicas, teológicas— que hablan a viva voz de la supremacía del varón sobre la hembra. Evitemos a toda costa la equivocación «feminista» de llevar el combate a ese plano aparencial, dejando intacta la raíz infraestructural de la cuestión. En cuanto a esa infraestructura, no es otra, no puede ser otra, que la relación, bien real, bien empírica, bien fenoménica, entre un hombre y una mujer. Sea, pues, una relación amorosa entre un hombre y una mujer, este hombre y esta mujer. Aceptemos que acaso es él quien manda en la relación, quien la dirige o quien, a juzgar por las apariencias, lleva la iniciativa: acaso porque es él quien, de palabra, decide en las principales circunstancias qué debe hacerse o qué debe omitirse. Él es principio de acción, a lo que puede parecer, aunque podría pensarse si lo es «de suyo» o por «delegación», un poco al modo de la iniciativa del Hijo de Dios, que oyó decir a su madre «no tienen vino» cuando las bodas de Caná. Ella, vamos a suponer (en pleno esplendor casuístico) se deja guiar, se deja dirigir, se *deja hacer*, de modo harto liberal, como ese astuto estado político de nuestros tatarabuelos que, con mentida indolencia, «dejaba hacer» a la sociedad civil y presenciaba impávido sus querellas y sus justas espoleando el espectáculo al grito estimulador de «¡enriqueceos!». Si aceptamos el crudo particularismo de una apariencia que habla de voces de mando en lo que se refiere a Él y de tierna complacencia en sus labores en lo que se refiere a Ella, y que acaso permite diagnosticar un primer reparto de roles activo y pasivo, dominador y dominado, verdugo y víctima, la pregunta por el *poder* no puede hacerse esperar, la pregunta por quién sea el que *en verdad* detenta el poder parece entonces obligada, exigiendo trasvasar una dualidad de apariencias y esencias que sólo el enfoque demasiado simple y superficial del que se parte produce por generación espontánea. ¿Se corresponden los papeles activo y pasivo, lo mismo que los papeles de dominador y dominado con las diferencias entre un poder mayor o menor o entre una *puissance* que asciende o que desciende...?

No lo saben, pero lo hacen: bien podría ser que hubiera tal desajuste y tal inadecuación, pero que acaso no fuera vivida ni concebida conscientemente por sus actores. Y bien, allá ellos con su consciencia, si bien podría suponerse que por momentos, siquiera en medio de una querella matrimonial o de pareja, o en un arrebato lírico o erótico, o en medio del concurso sexual, o a partir de cualquier figura anímica vinculada con lo que genéricamente podría denominarse el síndrome de los celos, acaso entonces brotara de pronto cierto relampagueo de lucidez y autoconsciencia y se percibiera cuanto había acaso de farsa cotidiana y de conformación de lo real a lo institucional o legal —extraño voluntarismo de la infraestructura por adecuarse a la superestructura— en esa mascarada jugada día a día en términos de rol activo y dominador y rol pasivo y dominado: *decalage* entre el carnaval social —gran carnaval de tenderete o feria que escamotea la tragedia de quien se halla sumergido en el pozo mismo de la Verdad o sepultado en el fondo de la Cueva...— entre esa gran mascarada y la procesión, que va por dentro, y que puede muy bien mostrar una inversión de ciento ochenta grados de esas relaciones de dependencia e independencia entre las dos «autoconsciencias» de manera que amo y esclavo muestran dialécticamente lo contrario de lo que dicen ser el uno al otro... Bastaría acaso, para que esa rotación pudiera producirse, que uno de los dos estuviera poseído por la Pasión, pasión amorosa en todo el salvajismo de la realidad que el término pasión y amor expresan cuando se juntan en explosivo sintagma. O que el otro, el que ahí hace de otro, sea él sea ella, no me meto por ahora en la cuestión, «se deje amar», por decirlo así, o bien responda al amor-pasión con sentimientos difusos de ternura, de cariño, de amistad, de simpatía o de deseo sexual, pero sin correspondencia al estado de la víctima aquejada de esa «bella fiebre» a la que Stendhal hace referencia. Hablo, pues, aquí, de una pasión-no-correspondida. Y si Platón preguntaba en el *Fedro*, en boca de uno de sus *dramatis personae*, quién es más querido por los dioses, si el enamorado o el no-enamorado, yo preguntaría aquí quién es el que tiene el poder, si el poseído o dominado por Amor, o el que, siendo amado, no se halla enamorado. Pregunta que nuevamente plantea la cuestión del dominio y del poder, pregunta que nos lleva a reflexionar sobre el sintagma que dice y enuncia *el poder de la pasión*.

Henos aquí, pues, con una pareja en la cual uno de los dos está enamorado y el otro no. Él o Ella siente hacia el otro una pasión fuera de toda medida, de manera que antes moriría acaso que abandonar al otro o dejarse abandonar por él. En cuanto al que aquí hace de otro, siente hacia el enamorado un complejo conjunto de sentimientos, estima, simpatía, deseo serio de compartir con él horas del día, atracción sexual, atracción intelectual también, comprensión, más otros sentimientos negativos, cierto recelo o temor ante la pasión desbordada del otro, cierto oscuro cálculo relativo a una libertad que bajo ningún concepto quisiera hipotecar en una relación así... Ni que decir tiene que este segundo personaje podrá ocupar su atención en cuantos objetos le plazca, sin temor a que obsesivamente se cruce en ellos la referencia a su pareja amada, podrá en consecuencia pensar y razonar libremente, ensanchando el campo de su experiencia y de su reflexión sin hallarse polarizado, fijado ni hipotecado a un solo y exclusivo objeto que le obstruya esas operaciones. Podrá por lo mismo disponer de su voluntad de manera más o menos libre, pero en cualquier caso de manera mucho más libre que aquel que tiene su voluntad obcecadamente fijada en un solo objeto. Será por consiguiente un sujeto más racional y más libre que su compañero o *partenaire* de relación. Estará en disposición de enriquecer su razón, su conocimiento y de extender el área de sus voliciones, aumentando en consecuencia su *puissance*...

El enamorado, por el contrario, fijado a un solo objeto exclusivo, embobado en él, semejará poco menos que un demente poseído por una *idée fixe*, de forma que, al igual que en la *Sinfonía fantástica* de Berlioz, no sea posible desplegar un curso de ideas musicales sin que el obsesivo leitmotiv de la «amada» insista en aparecer y reaparecer. La voluntad del enamorado está, prácticamente, anulada, cauterizada por el embrujo de la pasión que le domina, que una y otra vez le invita a abandonarse en la voluntad de quien es su Dueño, sea éste —insisto— hombre o mujer.

De estas constataciones extrae Ortega y Gasset sus célebres tesis respecto al amor-pasión como enfermedad de la atención. La pregunta que aquí se impone es si registran suficientemente la experiencia o, por el contrario, pueden ser refutadas por ésta.

Ciertamente, el enamorado ve en la flor algo que, metafórica o metonímicamente, le recuerde al ser amado: «el día aquel en que estuvieron juntos en el monte y Él o Ella arrancó esa misma flor...». Por consiguiente, si el enamorado se fija en la flor, si fija su atención en la flor, es obviamente para encontrar en ella alusiones simbólicas al ser amado. La pregunta es si en esas condiciones se empobrece la atención, o por el contrario, se ensancha y enriquece. La pregunta es si es posible dirigir la atención sin un mínimo básico emocional y pasional que remita, de muy oscura y sinuosa manera, pero acaso siempre efectiva, a un objeto de pasión —y en última instancia a la Pasión—. La pregunta es si en la base misma de todo conocimiento y de toda edificación racional no actúan, como protocolos genuinos de experiencia, observaciones que se hallan intrínsecamente conectadas con objetos y mociones pasionales. Pues podríamos decir con todo el derecho: «gracias a que esa flor evoca en el alma del enamorado la imagen o idea del ser amado puede reparar en la flor; y a posteriori, por qué no, fijarse en ella, contemplarla, analizarla, incluso diseccionarla...». Las reflexiones freudianas sobre la *libido* dominante en el «deseo de saber» no harían sino reforzarnos, desde otro punto de vista, lo que aquí queremos decir. A saber, que el estado de enamoramiento, lejos de cerrar el camino de la razón, más bien parece abrirlo; lejos de ser vía de ceguera y de tiniebla, es vía de lucidez y conocimiento. O que la pasión, lejos de ser ciega, es premisa de lucidez. Con lo cual refutamos los lugares comunes corrientes respecto a un estado que, en tanto duele y escuece, facilita todo orden de juicios condenatorios por las justicias filosóficas, poéticas o iconológicas. Por no hablar de las justicias sociales, políticas y político-teológicas.

La razón que avala, desde un punto de vista epistemológico, lo que quiero decir es lo siguiente: el sujeto enamorado o pasional, por razón de hallarse en posición de víctima, se «deja hacer» por la totalidad de cosas que encuentra en su camino, con la sola condición de que le evoquen o recuerden —y desde luego de forma bien obsesiva y paranoica— al amado. Se deja poseer por ese mundo, o como dijo muy bellamente Xavier Rubert en su curso de 1978 del *Collegi de Filosofia*, se deja «atacar» por ese mundo. Yo diría, en un sentido extensivo de afirmaciones que hice en *Meditación sobre el poder*, que el enamorado vive un estado en el cual se deja *poseer* o *apoderar* por la realidad con que se encuentra, realidad que se le ofrece, obviamente, en el horizonte del ser que ama, alusiva a él de forma metafórica o metonímica. Y bien, en ese estado surge el conocimiento o bien «avanza» éste por caminos nuevos de progreso. De un progreso que es a la vez *regreso*.

Es, pues, ese «padecimiento» respecto a la realidad, esa posición receptiva —pero no pasiva— lo que funda el orden del conocer, y en general el orden racional, en el cual queda inscrito el mundo, en síntesis conjuntiva con la propia realidad del sujeto cognoscente, el cual, a la vez que se *deja hacer*, se proyecta, o produce una correspondencia entre el objeto que se le abre ante sí y su propia realidad, de modo que conocimiento externo e introspectivo se dan en ese estado cita, espoleados ambos, a la vez que simbiotizados, por la referencia al objeto del amor, que es a su vez síntesis de rasgos físicos reales del otro y proyecciones objetivantes de la propia esencia del sujeto pasional. Con lo cual debe decirse que cuanto se diga respecto del «narcisismo» y la «regresión», inclusive la propensión a la «paranoia» que produce dicho estado es cierto, pero con el añadido de que esas nociones deben concebirse positivamente en la medida en que hacen referencia a experiencias mucho más amplias y comprensivas de las que suelen registrarse con estas nociones, a veces harto estrechas y rebajadoras.

Entre sujeto pasional y sujeto de conocimiento conviene, sin embargo, determinar un espacio de mediación en el *sujeto estético*, que brota en el recorrido mismo que hace el sujeto pasional por el mundo de las cosas, al asociarlas —metafórica y metonímicamente— al objeto del amor, de manera que en ese recorrido nace la experiencia poética y artística, la cual desprende, como efecto y consecuencia, el conocimiento racional, que de esta suerte queda fundado y edificado en base sólida y firme. Otra forma de enfocar el problema epistemológico es irracional, por cuanto hace recaer sobre la razón la rémora ideológica de una autodefensa del sujeto frente al componente pasional, de manera que halle en ella su salvaguarda.

Tomemos la frase «labios de coral». «Coral» remite a «labios» y éstos son rasgo físico que afecta, apasiona o hace padecer al sujeto.

Éste *sufre* esos labios como algo que hiere su sensibilidad hemofílica de enamorado. «Coral» cabalga sobre esos «labios». Pero entonces «coral» puede pasar a ser objeto de conocimiento; y el poema o la representación pictórica deberán reproducir debidamente la estructura interna de ese objeto. El orden metafórico y metonímico —poético y artístico— desprenderá, en última instancia, el orden racional, cognoscitivo. Será, pues, la «pasión» el punto de partida o el «dato» que abra al sujeto al conocimiento de sí mismo y del mundo exterior. Pues «labio» y «coral» evocarán, de modo bien platónico, imágenes primarias en el sujeto, abriendo el cauce y la espita de su memoria y provocando un proceso de reminiscencia Se encontrará a sí mismo en el mismo acto en que se encuentra con el mundo, se conocerá a sí en el proceso mismo de conocimiento del mundo externo.

Pretendo hacer aquí una defensa del enamorado frente al no-enamorado, a la manera del *Fedro* platónico, pero ante todo pretendo plantear el difícil problema del poder. Puede, en este sentido, afirmarse que el enamoramiento dispone a la expresión de un máximo de poder, *puissance*, poder entendido en el sentido de poder *propio*. El enamorado se vuelve sensible y receptivo a muchas cosas para las cuales era insensible o ciego en estado de «normalidad»; se deja afectar, por tanto, «de muchas maneras» (lo cual es reputado por Spinoza como la señal misma del poder, de la *puissance*); conoce cosas que antes no conocía; comprende complejos haces de sentimientos, de espectro amplio y detallado, que antes ignoraba; se fija en cosas en que antes no se fijaba; su atención se ensancha notablemente... Cierto que cuanto ahora conoce está en obsesiva conexión con la Idea Fija del amado, que se metamorfosea y metaforiza en mil cosas diferentes. Mas he aquí que antes ni siquiera reparaba en esas múltiples cosas diferentes en las que ahora sí se fija, de modo que esa «enfermedad de la atención» que sufre no hace sino ensanchar el área de esta facultad y, en consecuencia, de su consciencia, de su conocimiento, de su razón. Esto por lo que se refiere al *poder de conocer*. Pero idéntica «apologética» podría hacerse en relación al *poder de su voluntad*: el enamorado «hace locuras» por el amado que nunca, «en su sano juicio», hubiera osado siquiera imaginar, poniendo a prueba su salud y hasta su vida y llevando al límite sus propias capacidades. «No sabemos lo que puede un cuerpo», pero sí podemos saber de lo que es capaz un cuerpo enamorado: aumenta ostensiblemente su *puissance* erótica y sexual, y si en ocasiones se retrae, ello es en razón de la magnitud del riesgo y del peligro a que le expone esa situación de permanente crisis, subversión y conflicto que genera el enamoramiento, única situación acaso que merece el calificativo de «revolucionaria». «No sabemos lo que puede el alma», pero sí es posible saber respecto a la calidad de complejos sentimientos que exhibe el alma del enamorado, en donde se dan cita el más áspero sufrimiento y el más dulce de los goces, donde alcanza verdad el aforismo nietzscheano de que cumbres y abismos son la misma cosa, donde cielo e infierno parecen inexorablemente unidos, sintetizados. La fuerza perceptiva que desencadena el arte se desarrolla obviamente en ese estado: ¿No existe, como ya Platón entrevió, una unidad de destino entre la locura divina del artista o poeta y la del enamorado? Podría afirmarse que todo enamorado se da cita con el arte, siendo esencialmente artística su visión y la expresión que suele dar de esa visión. Y por lo mismo, que todo artista es un enamorado, un enamorado que ha sido capaz de perseverar en ese estado, incluso sin referencia a otro objeto que a la Musa, a la Amada Inmortal o a la *Fernte Geliebte*, en verdadero enamoramiento *puro* o pasión *pura* (pasión «desinteresada» o «sin objeto»): un enamorado que ha sido capaz de crear o producir, desde la pasión, una obra que es expresión de amor. Hasta podría decirse que el sujeto estético tiene su base empírica y su *basso ostinato* en el sujeto pasional. O que lo artístico es, en esencia, esa singularización que la pasión hace posible en la expresión; o que es el efecto que produce la pasión en el mundo, o el ejercicio del poder del sujeto pasional sobre el mundo: una apropiación de lo real que, sin embargo, se diferencia radicalmente de la apropiación que el sujeto de dominación —sujeto de conocimiento abstracto— realiza sobre una naturaleza convertida en «objetividad».

No es lo mismo el dominio que el poder: en nada se pone de manifiesto de forma tan ostensible la verdad de este enunciado como en la experiencia amorosa; y en concreto, en una relación entre un sujeto enamorado y otro que no lo está; o para decirlo de otro modo, más casuístico, en una relación entre un sujeto que quiere sucumbir en la pasión (dando a «querer» el sentido inconsciente y schopenhaueriano) y otro sujeto que quiere más su libertad.

El sujeto enamorado es víctima dominada por la pasión, por *su pasión*, pasión que se manifiesta, materializa o concreta en el objeto de la misma. Desde un punto de vista crítico o trascendental, ese objeto se retrotrae al proceso pasional que la constituye. Ese proceso pasional expresa poder, *puissance*, cosa que he intentado mostrar en las anteriores páginas. Y ese poder se muestra o manifiesta bajo la forma de una *objetivación* del anhelo en el *objeto* en el cual «prende» y a partir del cual se «desencadena», objeto que polariza la atención y la voluntad del enamorado, enajenando en consecuencia esa voluntad y constituyéndola en víctima sacrificial.

Respecto al sujeto libre y autárquico que es amado sin amar a su vez, el sujeto enamorado se constituye, en el plano llamado real, en situación inexorable de perdedor, de *looser*, toda vez que aspira a un imposible, comulgar con el otro, hacer del Dos un Uno, imposible acentuando en razón de la voluntad contraria del otro. El cual, desde ese instante, puede afirmarse que tiene en sus manos, como servidor y esclavo, al sujeto enamorado; si se conduce con habilidad y sin prejuicios éticos, podrá «hacerle creer» cuanto le convenga o podrá «conducir su voluntad» por donde le plazca, llevando a la víctima a la pira sacrificial de la continua y obsesiva duda. (¿Me ama verdaderamente? ¿Juega con mis sentimientos? ¿Es sincero en su expresión de cariño? ¿Capitaliza de mi pasión conveniencias personales, sociales y hasta económicas...?). La película *Sospecha* de Hitchcock ilustra de forma magnífica y artística esta situación a la que me estoy refiriendo.

Y bien, puede afirmarse que el sujeto que quiere la libertad está en condiciones de dominar al sujeto que quiere la servidumbre y el cautiverio, o que su misma opción inconsciente por la libertad lo sitúa en potencial posición de verdugo respecto a una víctima presta al holocausto. Pero, ¿puede afirmarse que, por esa sola razón, expone más poder, *puissance*, poder propio, que el cuerpo y el alma del enamorado? ¿Es más poderoso su conocimiento, más aguda su atención, más plástica su voluntad, más expresiva su capacidad poética y estética? ¿Llega a una verdadera transformación de su personalidad hasta mutarse en «hombre nuevo», en auténtica *metanoia* evangélica o paulina? ¿O, por el contrario, permanece en estado estacionario en cuanto al verdadero poder que esencialmente encarna y virtualmente dispone? Esta última alternativa parece la más próxima a la realidad empírica en la mayoría de las situaciones en que se produce una circunstancia como la descrita. Lo cual autoriza a hablar de un desnivel entre el dominio que se juega en el terreno de la facticidad y la dialéctica poder-dominio que se juega en el interior de la propia esencia del sujeto enamorado. Este *decalage* permite distinguir, en general, el plano fáctico del esencial, o el plano de la existencia y el de la esencia, distinción que en esta situación descrita muestra su operatividad y su necesidad, toda vez que sin ella nos sería imposible conceptuar dicho *decalage* empírico.

El sujeto enamorado es, pues, expresión del poder de la pasión: poder que se muestra en la relación, interna a la subjetividad, entre un agente dominador y un paciente dominado: la esencia del sujeto pasional se desdobla en una parte de sí, que aparece objetivada en forma de *objeto* de la pasión, bajo el carácter de dominador, y otra parte de sí, que es reconocida como subjetividad *strictu sensu*, bajo el carácter de víctima sacrificial. De hecho, el que verdaderamente domina es Amor, figura a la vez subjetiva y objetiva, o lo que es lo mismo, alegórica, que se apropia del sujeto hasta poseerlo por entero. El verdadero Señor es Amor (no la Muerte, como quiere el Hegel de la *Fenomenología*; dice el *Cantar de los Cantares* que sólo Amor es tan fuerte como la Muerte). Y bien, es el poder de la pasión lo que funda un dominio que es de hecho autodominio, o una enajenación que es de hecho autoenajenación, o una posesión que es autoposesión. De ahí que dijera, en *Meditación sobre el poder*, que el máximo poder es posesión, y que ésta es, en esencia, autoposesión pasional. En cuanto al dominio «externo», cabe decir de él, como de todo el orden de lo «externo y objetivo», que es efecto, producto y resultado de esta productividad esencial que tiene por base el sujeto pasional. Y que es el escenario o carnaval que la pasión se crea y se recrea, a modo de novela que la pasión se cuenta a sí misma, a modo de discurso que el mundo se pronuncia para su propio y monológico solaz. En el buen entendido que el mundo es el entramado o el tejido de los múltiples procesos pasionales en que se expresa la sustancia o causa de todas las cosas que es Dios, el Dios Amor, el Dios Pasión. La sustancia física del mundo es pasional, siendo por consiguiente amor lo que subsiste como «ser» de cuanto existe, incluso más allá de muerte y ultratumba, un poco en el genial sentido del más estremecedor de los sonetos de Quevedo, ese en el que se dice en qué queda reducido el cuerpo del poeta enamorado una vez descompuesto después de la muerte: en polvo, ciertamente, «mas polvo enamorado»...

Mi discurso, que intentaba versar acerca del amor, se encuentra de pronto orientado hacia las intimidades divinas. ¿Qué es Dios? ¿Cuál es su naturaleza?

En el principio era el Verbo, así comienza el evangelio de san Juan. Toda la cuestión se centra en saber qué debe entenderse por Verbo. Esa pregunta se hace Fausto al comienzo del poema de Goethe, sumido en cavilaciones en su gabinete de trabajo. ¿Qué término puede traducir adecuadamente Verbo, *Lógos*? Varias palabras desfilan por la mente de Fausto sin que ninguna de ellas termine por satisfacerle. ¿Será la traducción adecuada Razón, será Lenguaje, Palabra? *Am Amfang war das Wort*, en el comienzo era la Palabra. Fausto no rechaza esta traducción, pero no queda convencido de la exactitud de la misma. Busca una palabra precisa y adecuada que traduzca el término *Lógos* y le permita penetrar, con ello, en la íntima determinación de la esencia divina. Busca el nombre propio de la sustancia divina. Y bien, esa palabra es Acción: *Am Amfang war die Tat*, en el principio era la Acción. No es que las restantes traducciones queden anuladas o excluidas. No es que *Lógos* no sea expresable como Razón, Pensamiento, Lenguaje. Sólo que acaso eso que llamamos Razón, Pensamiento y Lenguaje sea también, esencialmente, Acción. Dios es, quizá, todas estas cosas, pero propiamente, esencialmente, es Acción. Dios es Acción: he aquí un enunciado afirmativo que revela una convicción latente en el pensamiento occidental, en la *filosofía*.

Goethe fue un gran poeta, un gran novelista, un gran enamorado, un gran cortesano, un gran naturalista..., pero nunca quiso ser un gran filósofo, independientemente de que lo fuera o no lo fuera. Mantenía prevención respecto a todo discurso filosófico y admiraba a su amigo Schiller por el interés y dedicación que hacia la filosofía demostraba. Sólo sintonizó verdaderamente con dos filosofías, con la de Kant y con la de Spinoza. En la filosofía de este último debió de encontrar una idea de la naturaleza congenial a la que presidía sus observaciones y especulaciones de naturalista apasionado. Cabría preguntarse, pues, si no fue acaso en Spinoza donde hubiera podido encontrar un principio filosófico afín a ese que pone en boca de su personaje principal en el *Fausto*. ¿O no puede afirmarse también que en la concepción spinozista se traduce implícitamente el *Lógos* en términos de Acción?

A primera vista, nada menos obvio, dada la connotación estática que a la fuerza sugiere una filosofía edificada sobre el concepto de sustancia. Sustancia sugiere algo estable y fijo, algo que se mantiene y subsiste en el curso de todas sus modificaciones. Y así es desde luego, la sustancia spinozista, diferenciada de cuantas modificaciones sufre y de cuantos modos pueden afectarla.

El drama de Spinoza consiste en que aparece ante nosotros como el gran racionalista que todo lo reduce a principios lógico-conceptuales, al «principio de la razón», como dijo críticamente Schopenhauer, uno de los principales responsables de esta interpretación, o bien aparece como el gran naturalista que inspira toda suerte de anarquismos más o menos campestres, macrobióticos y vegetarianos. Es preciso enfrentarse con estas dos imágenes trilladas, la del Spinoza que quiso reducir toda la experiencia a axiomas y definiciones y el Spinoza hipernaturalista que es, poco más o menos, una guía y un estímulo para excursionistas con talante místico-panteísta.

Si penetramos en la gran construcción spinozista, en la *Ética*, y preguntamos qué es Dios para Spinoza, ese Dios que es allí denominado sustancia; si preguntamos, por consiguiente, qué es esa sustancia divina, qué es lo que propiamente la define o lo que conviene decir adecuadamente de ella; qué es en consecuencia lo *propio* de Dios, lo que en propiedad debe decirse de Dios, el *nombre propio* de Dios, nos encontramos con la siguiente sorpresa: Spinoza elimina como inadecuados casi todos los propios o nombres propios que la tradición consideraba definitorios de la sustancia divina, así por ejemplo la Suma Bondad, la Suma Perfección. Únicamente mantiene dos nombres adecuados a las propiedades de Dios. Interesa señalar la interconexión que sugiere entre esos dos nombres. Uno de ellos es Omnipotencia: Dios es omnipotente, todo poder, todo *puissance*. La esencia divina es coextensiva a su *puissance*, esencia y potencia son, en Dios, la misma cosa. Y en tanto ese Dios es concebido por Spinoza como causa inmanente y no transitiva de todas las cosas, las cuales son en Dios a manera de atributos en que se expresa su esencia o de modos que afectan su sustancia a través de los diferentes atributos, puede afirmarse en general que la esencia de cada cosa es su *puissance*, o que cada singularidad se resuelve en la parte de *puissance* que le corresponde, de la cual, en sentido nada platónico «participa». Cada singularidad es un *grado* de potencia, un grado en la escala de intensidades de la *puissance*, siendo Dios, por así decirlo, *potencia elevada a la máxima potencia*. En cuanto al segundo nombre propio que Spinoza retiene, en cuanto a lo segundo que puede decirse adecuadamente de la sustancia divina, eso es Producción, Productividad, de manera que esa sustancia que sugiere estabilidad y estatismo es, ni más ni menos, pura productividad, pura energía productiva, pura Acción. Pero esa productividad y esa acción no se hallan determinadas previamente, a priori, por una Razón que las precede: una Razón que *eligiera*, de entre todas las «posibilidades» que se le presentaran como lugares lógicos para una eventual resolución a la *creación*, aquel de entre todos los posibles que conociera como mejor, como el más óptimo. Spinoza elimina estos preconceptos, restaurados por Leibniz, que presuponen la representación de un sujeto creador, de un lugar para el *sujeto libre* a caballo entre entendimiento y voluntad: toda la problemática del llamado «libre albedrío». Dios no conoce, razona y luego actúa. *Conoce obrando y obra conociendo*, de manera que su conocer es hacer y su hacer es conocer. En Él concebir es producir y producir es concebir (concebir en el sentido fuerte y pleno de la expresión); a la vez y en el mismo sentido, Dios piensa y produce: un pensar que es esencialmente producción, un hacer que es esencialmente pensar. Tampoco existe en Spinoza un universo de posibles lógicos e independientes, que llegan o no a existencia en virtud de un acto creador determinado por el conocimiento de lo Mejor. No hay posibilidad lógico-abstracta sino potencia, *puissance*, de manera que cuanto puede-ser de hecho es y existe (de lo contrario, el Dios sustancia se hallaría aquejado de impotencia). Todo lo que Dios puede hacer, lo hace; la potencia divina es, inmediatamente, productividad, acción; todo el poder de Dios se manifiesta, es manifiesto, de manera que puede hablarse de un poder que es inmediatamente acción y producción, sin que medie, entre poder y acción, una razón que elija entre infinitas posibilidades lógicas. No hay posibilidad lógica que no sea a la vez posibilidad física, o no hay *lógos* previo o precedente al hacer y producirse mismo de lo físico. De ahí que el *lógos* no pueda concebirse como razón previa a la acción, sino como razón-acción, como *puissance*-acción, como *lógos* activo y productivo.

Esta filosofía spinozista parece, pues, una filosofía de la acción. Spinoza piensa una distinción que recorre su teoría de los afectos, la distinción entre acción y pasión: «Obramos», dice Spinoza, «cuando ocurre algo, en nosotros o fuera de nosotros, de lo cual somos causa adecuada, cuando de nuestra naturaleza se sigue algo en nosotros o fuera de nosotros, que pueda entenderse clara y distintamente en virtud de ella sola». Por el contrario, «padecemos, cuando en nosotros ocurre algo, o de nuestra naturaleza se sigue algo, de lo que no somos sino causa parcial». Eso que nos ocurre deriva, en última instancia, de la causa primera e inmanente de todo lo que hay, la sustancia, el dios-sustancia. En tanto somos adecuados a él, causa última de todo cuanto nos pasa, podemos decir que actuamos u obramos, a la vez que reconocemos la razón o el motivo por el cual obramos o actuamos: acción y razón se corresponden plenamente, mientras que, en tanto padecemos, algo nos falta respecto al conocimiento de lo que nos sucede o nos ocurre, que deriva de causas exteriores que nos son ignotas y que indican un conocimiento parcial, a la vez, de nosotros mismos, del exterior y, obviamente, de la sustancia divina. La pasión está, pues, conceptuada como deficiencia respecto a la acción y respecto al conocimiento. Pese a lo cual cabe diferenciar entre pasiones que elevan nuestro conocimiento, nuestra potencia de hacer y en general nuestra *puissance*, las llamadas pasiones alegres, y otras pasiones que deprimen y entorpecen nuestra potencia de conocer y obrar, las llamadas pasiones tristes. Ya que la alegría es el afecto que registra el alma en todo aumento de *puissance*, mientras la tristeza expresa una disminución de fuerza o de potencia. En cuanto al amor, es entendido por Spinoza como pasión alegre, sólo que de una alegría acompañada de una causa exterior. Padecer, en consecuencia, expresa un déficit de acción y de razón. Siempre que subsiste lo pasional, algo permanece en nosotros como barrera o frontera de finitud e inadecuación: somos pasionales en la medida en que somos modos finitos. El esfuerzo ético consiste en reconvertir las pasiones tristes en pasiones alegres y éstas en acciones, es decir, en progresar en la escala del poder, que es a la vez progreso en la escala del conocer. Mientras padecemos, mientras somos sujetos de pasión, mientras estamos *sujetados* al dominio de las pasiones, somos cautivos, dependientes, carecemos de autarquía y de libertad. La causa de lo que nos pasa no es concebida, en consecuencia, por nosotros, no haciéndosenos presente la razón del afecto que condiciona el curso de nuestra actuación ni de nuestra reflexión. Nos pasan, nos ocurren cosas, sin advertir el nexo que une eso que nos pasa o nos sucede con la fuente causal misma de ella, *fuente horizontal* que se despliega en el nexo de causas y efectos en el cual nos hallamos enclavados en tanto modos finitos individuales en relación estructural o de *rapport* con otros cuerpos u otras almas, *fuente vertical* que religa el espacio modal con la causa inmanente, dentro de cuyas expresiones —o atributos— se produce nuestra inserción en lo real. Sólo en el nexo de nosotros con la causa inmanente, a la cual se empina el ser finito, aumentando el área de su conocimiento, de su actuación y de su poder en el campo modal —extensivo o reflexivo— en que se inserta, podemos acceder a un estado de cualificación ética positiva que Spinoza reputa como Libertad, Racionalidad y Poder. En cuanto al afecto que registramos en ese estado respecto a la causa primera e inmanente, ese afecto es amor, el *amor intelectual de Dios*, que es también el afecto en el cual el propio Dios llega a amarse a sí mismo a través de la mediación del afecto del ser finito hacia Él.

Frente al amor entendido como pasión alegre con concurso de una causa exterior, que halla su sublimación en el *amor intelectual de Dios*, en el cual se reconvierte lo pasional en actividad, la sujeción en libertad, la sinrazón en racionalidad y conocimiento adecuado, existe, en la escala inferior y más degradada, el *exceso de amor*, un amor que impide el conocimiento, obstruye la acción y priva de la libertad, un amor que fija al sujeto a un solo objeto de conocimiento y atención, que roba su voluntad hasta hacerla cautiva y que, por todo ello, puede considerarse locura e irracionalidad:

«El regocijo —que, como he dicho, es bueno— es más fácilmente concebido que observado. Pues los afectos que cotidianamente nos asaltan se relacionan, por lo general, con una parte del cuerpo, que es afectada más que las otras, y, por ende, los afectos tienen generalmente exceso, y sujetan al alma de tal modo en la consideración de un solo objeto, que no puede pensar en otros; y aunque los hombres están sometidos a muchísimos afectos —encontrándose raramente, por ello, a alguien que esté dominado siempre por un solo y mismo afecto—, no faltan, con todo, hombres a quienes se aferra pertinazmente un solo y mismo afecto. Así pues, vemos algunas veces hombres afectados de tal modo por un solo objeto, que aunque no esté presente, creen tenerlo a la vista, y cuando esto le acaece a un hombre que no duerme, decimos que delira o está loco. Y no menos locos son considerados, ya que suelen mover a risa, los que se abrasan de amor, soñando noche y día sólo con su amante o meretriz...».

La escena del Fausto en que éste, sumido en cavilaciones, busca el nombre propio y adecuado que traduzca la naturaleza misma del *Lógos* de Dios nos ha llevado a retroceder hasta la filosofía spinozista donde, de manera expresa, se entiende sustancia como principio activo y productivo y se cualifica como *valor supremo ético* la libertad, que se alcanza en la unión amoroso-intelectual con Dios, causa primera inmanente de toda cosa. La idea que Goethe pone en boca de Fausto, la idea de que *Lógos* debe vertirse en el término Acción, nos conduce inevitablemente hacia aquella línea filosófica que determina o trabaja esa intuición fáustica de que la sustancia primera es Acción, a saber, la filosofía que plantea la cuestión de la sustancia a partir de una previa reflexión *crítica*: la filosofía que concibe o intenta concebir la sustancia previa reflexión sobre el sujeto que la piensa. Me refiero, obviamente, a la filosofía que inaugura Kant y halla su concreción en el idealismo alemán, en Fichte y en Hegel. Si una filosofía, en efecto, puede concebirse «filosofía de la libertad» y «filosofía de la acción» es ésta, especialmente la fichteana, cosa que Antonio Escohotado, en un estudio magnífico, ha puesto de manifiesto, mostrando, bajo el título *Una teoría de la acción*, cómo el concepto moderno de subjetividad, especialmente en Fichte, se constituye a partir de una teoría de la acción; cómo el sujeto alcanza a determinarse conceptualmente en el curso de una reflexión sobre la acción.

Kant, como bien se sabe (y en lo que sigue no haré sino rememorar lugares comunes conocidos respecto al giro crítico y trascendental que da Kant a la filosofía), planteó como cuestión previa al pensamiento de la cosa la reflexión del propio pensamiento sobre sí mismo, o lo que es lo mismo, el conocimiento del conocimiento como cuestión anterior al conocimiento del ser, lo cual le condujo obviamente a indagar los alcances y límites del propio conocimiento, así como las fuentes o facultades de los que brota éste. Una filosofía que pretenda pensar las cosas sin previa reflexión crítica sobre sus propias condiciones de pensar es una filosofía acrítica y dogmática: así una filosofía que se plantara «inmediatamente» en la sustancia y de ella pretendiera deducir cuanto puede decirse o afirmarse respecto a ella. La reflexión crítica debe atreverse a pensar la sustancia previa mediación reflexión sobre el sujeto que piensa, o ha de ser, por tanto, filosofía de la mediación o, como dirá Hegel, filosofía que entienda, en todo caso, a la vez la identidad y la diferencia entre sustancia y sujeto. Kant da el primer paso en esta dirección al plantear prioritariamente la cuestión del conocer sobre la cuestión del ser. En cuanto a ese sujeto del conocer, Kant lo concibe como un sujeto ordenador y regulador de los conceptos que nos formamos a partir de un dato innominado que viene dado a nuestro pensamiento a través de la sensibilidad, que ésta ya registra a partir de formas a priori como son el espacio y el tiempo, pero que en última instancia no es reductible al propio sujeto de conocimiento, de manera que no puede afirmarse que proceda espontánea ni creadoramente de él. El sujeto kantiano del conocimiento es, por tanto, un sujeto activo que pone todas aquellas condiciones a partir de las cuales puede llegar a pensar y conocer el mundo que se ofrece a su sensibilidad, pero no es del todo activo y espontáneo en razón de que subsiste un dato último que le viene, por así decirlo, de Afuera, sin que pueda considerarse él factor o creador del mismo. Ese dato remite a una misteriosa Cosa-en-sí, de la que nada podemos decir, que hace que el dato sea, para el sujeto epistemológico, *dato*, algo que le viene *de recibo* y ante lo cual es *pasivo*. El sujeto kantiano, compromiso entre la filosofía racionalista y la empirista, mantiene del sujeto que concibe esta última un sustrato de pasividad que impide conceptuarlo como sujeto espontáneo y creador. Ese sujeto teorético mantiene, pues, un punto de pasividad que sólo queda contrarrestado y compensado por la actividad de un sujeto práctico, pensado en la *Crítica de la razón práctica*, que actúa sobre las cosas en sí, pero esta vez sin conocimiento teórico de lo que hace, sino tan sólo movido por ideas regulativas que, formalizadas a la manera de imperativos, mueven a obrar según principios racionales desconectados de aquella experiencia que constituye el marco del sujeto teorético.

El gran intento fichteano consistió en pensar la subjetividad (el Yo) en toda su radicalidad y unidad, de ahí que su problema fuera hallar un fundamento unitario a la filosofía crítica. El Yo fichteano es un Yo creador que a la vez conoce y crea, o que se conoce a sí mismo en una reflexión inmediata sobre su propia naturaleza e identidad, una genuina intuición intelectual, en la cual reflexión concibe a la vez su propia diferencia o disidencia, en tanto se reconoce como Yo que pone o establece a la vez su identidad como objeto y el acto previo y fundación de ponerse o establecerse: Un yo que piensa su propia acción de ponerse, establecerse, pensarse, y la objetivación de esa acción o el *términus ad quem* de la misma, que es su carácter establecido, puesto u objetivo. Esa subjetividad queda, así, pensada en términos de acción, de una acción que es la acción misma de pensar, pero de un pensar que se reconoce reflexivo, dialéctico, desgarrado entre el proceso de autoestablecerse y el fijismo derivado de ese proceso, desgarrado entre su carácter fundacional y originario de actividad o productividad pura de pensamiento que se piensa y el resultado o derivado de esa acción que es el campo objetivo que abre, en el cual campo objetivo se dibuja la dualidad del sujeto y del objeto.

Esta reflexión sobre el sujeto-acción determina o abre una reflexión sobre la libertad. El Yo es, en su radicalidad, por ser espontáneo y creador, por no depender de fundamento anterior, por ser él fundamento y principio, radicalmente libre. Carece de ninguna determinación o independencia. Pero en el curso de la expresión de su naturaleza activa y productiva —que es su propia naturaleza pensante y concipiente— crea un mundo de determinaciones y condiciones que constituye su propio marco de necesidad libremente creado y determinado por él mismo, de modo que a la postre él crea su propia determinación o de su libertad brota su propio cautiverio. Que, sin embargo, acierta a sobrevolar en una negación inexorable de ese elemento en el cual su primera posición quedaba negada en tanto libertad y espontaneidad, negando en consecuencia lo positivo fundado con él, en genuina negación de negación. Ese sujeto se autotrasciende como Ideal o Deber-ser que sobrevuela a su ponerse como realidad o ser. Hegel culminará esta línea reflexiva conceptuando el sujeto como negatividad y reconciliando el sujeto con lo real y sustancial, en una síntesis donde la negación engendre liminarmente absoluta posición, en el marco de la cual la libertad se reconocerá como libre reconocimiento de la propia necesidad.

La precedente exposición de un sistema precrítico (el de Spinoza) y de un sistema crítico (el de Fichte) sirve como ilustración suficiente acerca de la orientación de la reflexión filosófica, en orden a determinar la esencia de la divinidad, hacia lo que, en términos del *Fausto* de Goethe, podría denominarse el «principio de acción». La acción aparece en ambas filosofías cualificada como máxima positividad o «máximo valor» de carácter ético, a expensas de la pasión, que es entendida en términos de negatividad respecto a la acción. El aval teórico de esa premisa ética lo constituye una ontología o teología según la cual la sustancia divina (entendida como sustancia o como subjetividad) tiene por nombre propio y adecuado la Acción y la Producción, ese nombre que satisface a Fausto en su definición del *Lógos* del evangelio de san Juan. La acción productiva constituye, pues, la nota esencial y determinante de la sustancia divina, en la cual queda cifrada su potencia, su poder. En razón de esa ecuación de Actividad y Poder estas filosofías derivan hacia un concepto de Libertad entendida en oposición a la esfera pasional. Puede, pues, decirse que ambas filosofías ilustran lo que en este *tratado* llamo la «ideología espontánea del filósofo»: su supervaloración de la libertad, entendida como acción libre de toda determinación pasional, a expensas de la esfera amorosa y pasional.

En el curso de este *tratado* se irá viendo el intento crítico y reconstructivo que intento de esas concepciones éticas, sin que en el punto en que estamos sea todavía necesario efectuar un nuevo recorrido en torno a esas filosofías, discutiéndolas punto por punto. Me importa únicamente mostrar dos sistemas máximamente coherentes y explicativos como ejemplos de la inclinación de la filosofía occidental, de Grecia a los estoicos, de éstos a Descartes, de Spinoza al idealismo alemán, a infravalorar el mundo de las pasiones —y en particular el amor-pasión en razón de cierta idea de Razón y de Libertad concebida de forma, a mi manera de ver, estrecha y restrictiva—. Más adelante avanzaré mi hipótesis ontológica y teológica: la que apunta a establecer la precedencia del elemento pasional sobre el elemento productivo y a vincular inexorablemente la problemática de la pasión y la problemática del poder. Pienso, en efecto, que la palabra más íntima que puede decirse de la divinidad (entendida en términos spinozistas, como causa inmanente de todas las cosas) no es su «productividad» ni su «actividad», sino su naturaleza pasional. Al Dios-acción o al Dios-producción spinozista (o al Yo-acción fichteano) contrapondré el Dios-pasión, el Dios cuya esencia consiste en padecer. La idea teológica de pasión, correctamente entendida y situada en el corazón mismo del Absoluto, nos permitirá un avance hacia una concepción según la cual la naturaleza pasional de Dios está en la base de su acción y de su productividad. Nuestra tesis es la siguiente: *porque* Dios padece, *por eso* actúa, produce o —si se quiere decir así— «crea». Y no a la inversa (no «crea» *y después* «padece»). A esta idea intento llegar a través de un nuevo encuentro con el evangelio de san Juan y con la filosofía hegeliana, especialmente con sus textos juveniles. Intento, pues, sentar las bases teóricas generales de un *tratado* que, en las partes siguientes, deberá de nuevo descender a territorios más próximos a nuestra experiencia. La significación empírica y fenoménica de nuestra tesis sólo podrá ser comprendida y demostrada en toda su amplitud en el curso mismo del texto, y en particular en el recorrido que haremos de la dialéctica hegeliana del deseo y de la autoconsciencia.

De momento, nuestra formulación será todavía abrupta y esquemática. Llegaremos a ella, además, en un recorrido crítico de la filosofía hegeliana.

El problema que estoy persiguiendo me lleva de nuevo a pensar la traducción del versículo con que da comienzo el evangelio de san Juan, *En el principio era el Verbo*. El problema estriba en si la traducción de Fausto es adecuada y si es la última o primera palabra que pueda o deba decirse respecto a la esencia de la divinidad. O si las construcciones que implícita o explícitamente suscriben ese enunciado, construcciones éticas, epistemológicas, metafísicas, que promueven diferentes filosofías de la libertad, variaciones exegéticas de un mismo Tema, ora tratado precríticamente, ora tratado crítica e idealísticamente, parten de aquel nombre de Dios que más adecuadamente expresa su propia esencia. O al menos aquello de su esencia de lo cual podemos alcanzar conocimiento racional.

Vamos, pues, a seguir hablando de Dios, si es que eso es posible. Fausto habla del *lógos*, y el *lógos* es, en la teología cristiana, la segunda persona de la Santísima Trinidad. *Se hizo carne; y habitó entre nosotros*, nos dice san Juan en su introito. Y añade: «y tanto amó Dios al mundo que nos dio a su propio hijo...».

El evangelio de san Juan se inicia con las palabras que tanto preocupan a Fausto. En ese evangelio, ya en el introito, pero en general en todo el texto (y ello es extensible a las epístolas de su autor), el término más expresivo del mismo, a la vez que el que más íntimamente define la naturaleza de la divinidad, es Amor. Se le ha llamado a ese evangelio, con razón, el evangelio del amor. Y en una de sus epístolas dice san Juan literalmente Dios es Amor.

Lo más íntimo, la palabra más íntima, el nombre propio y adecuado de la divinidad sería, por tanto, para san Juan, Amor. Palabra perdida acaso, nombre extraviado y olvidado, a juzgar por las concepciones que la filosofía se hace de la divinidad. El dios de los filósofos demuestra en este punto su disidencia con el dios del cristianismo. Hemos visto ya cómo la filosofía griega pensaba la divinidad como Primer Motor que mueve sin moverse, causa final que atrae y provoca amor sin que de suyo pueda decirse que ame o desee. En Platón, el principio motor animador del cuerpo es el Alma, entidad medianera entre la Idea y el cuerpo, Alma que puede acaso presentarse mítica o alegóricamente como demiurgo, obrero divino intermedio entre los paradigmas ideales que contempla y el mundo físico que organiza y plasma. Puede, pues, decirse que lo divino no ama aunque es amado.

En Spinoza, la divinidad es afirmada como principio causal y racional que concibe y crea en un mismo proceso de acción y producción que la constituye en razón de ser y razón de todo conocimiento. Si bien esa misteriosa y sugestiva idea spinozista de la sustancia obliga a una exégesis muy matizada que no se agota en esas consideraciones, sí puede afirmarse en cambio que, al nivel del discurso consciente y textual, se subraya el carácter productivo y activo de esa sustancia a expensas de su carácter receptivo y pasional. No hay lugar en el spinozismo para pensar la pasión como determinación intrínseca de la sustancia divina.

En el idealismo alemán, a partir de Fichte, puede afirmarse que ese acento en lo activo y productivo queda particularmente intensificado, de manera que el fundamento y principio de toda cosa, concebido críticamente como principio yoico o subjetivo, queda concebido como principio de acción o como sujeto libre.

En ninguna de estas filosofías se afirma que el nombre propio de la divinidad, causa primera o fundamento y principio de todo ente, sea Amor. Se habla de Acción y Libertad, de Producción y de Razón, pero no se emplea el término Amor para interpretar el nombre propio de la sustancia divina, sea ésta pensada como sustancia o como sustancia-sujeto. Hegel, a la hora de conceptuar la divinidad, cuando, en la *Lógica*, intenta determinar las intimidades divinas (pensar a Dios en el elemento de la pura posibilidad), alcanza a definir a éste como ser y nada, devenir, cualidad, cantidad, esencia, identidad y diferencia, concepto, idea: principio lógico racional que es a la vez principio de actividad y creación, expresado en naturaleza y en espíritu finito, que alcanza la plena reconciliación consigo mismo a través de la historia objetiva y del estado, en un *regressus* terminal por el camino del arte, de la religión y, finalmente —última palabra acerca de la divinidad—, de la filosofía.

En la *Fenomenología del Espíritu* se ironiza con las filosofías del Amor que no aciertan a penetrar en la sustancia negativa —y activa— del espíritu, que es trabajo, dolor y potencia del negativo, y que se entiende a sí mismo como Razón y Autoconsciencia. En la dialéctica de constitución de las autoconsciencias libres, éstas alcanzan el reconocimiento de sí mismas en la lucha a muerte a través de la prueba especular, desencadenante de una auténtica «guerra de todos contra todos». Para llegar a ser quien soy, debo «matar» la imagen especular del doble que me refleja bajo la forma de «otro yo». Y así, de negación en negación, reconocerme como lo que soy, el puro resultado o efecto de ese trabajo de la negación. De esta suerte fundo mi poderío, en tanto logro arriesgar mi vida o en tanto elijo mi propia libertad e independencia por encima del elemento sustancial-vital que me hace todavía *depender*. El señor funda su poder en esa asunción del riesgo, en haber puesto su vida a prueba, en haber tratado con la Muerte, mientras que el esclavo es dependiente en tanto ha preferido quedar apegado a lo vital, eligiendo la vida antes que la libertad. El verdadero Señor es la Muerte, fundadora y dispensadora de Poder. El propio *deseo* aparece en este contexto orientado por este *principio de muerte* fundador de Libertad y de Poder. En Hegel se piensa, pues, la constitución de un sujeto reflexivo y recíproco (social) en el elemento del odio mutuo y la lucha a muerte, fundador de independencia o dependencia; la cual desnivelación sólo se resuelve en la libre asunción de la propia inanidad por parte de todas las autoconsciencias en la reconciliación de éstas con la Muerte y en la materialización de esa *Versöhenung* en la paz armada, en la libertad bajo horizonte de terror, en el estado constituido como síntesis de libertad y necesidad. Estado racional o principio racional configurador de un orden civil y estatal.

Hay, sin embargo, una época en la cual Hegel definió el Absoluto como Amor, época del filósofo que suele conceptuarse como «romántica», de la cual habla en la filosofía del espíritu, refiriéndose, al explicar las edades de la vida, a esa edad crítica de los treinta años, en que todo lo que constituye el mundo propio parece derrumbarse. En la *Fenomenología del espíritu*, esa época de su vida, lo mismo que la filosofía del Amor con que fue ésta conceptuada, aparece veladamente en la figura de la *consciencia desgraciada*, texto que transfiere a la consciencia lo que anteriormente había constituido su concepción del Absoluto. Hegel, en su juventud, concibió el Absoluto como Amor, y a éste como «absoluta conciliación de lo escindido». En su filosofía posterior profundizó en la idea de un Absoluto desgarrado que halla su conciliación en la insistencia en el propio desgarro, sólo que no pensó en términos de Amor ese movimiento dialéctico sino en términos de Razón, de Espíritu Absoluto. En la razón, en la ciencia, en el concepto halló finalmente donde mediar y conciliar esa escisión interna del Absoluto, que en tanto era concebido como Amor mantenía, por así decirlo, la herida abierta y sin cicatrizar. La resolución del drama de la autoconsciencia escindida en la razón observante constituye, a este respecto, el preludio de la resolución de las antinomias de la religión como figura espiritual del absoluto en la conciliación liminar de la filosofía entendida como ciencia o saber absoluto.

De haber mantenido la idea del Absoluto como Amor hubiera evitado el cierre sistemático liminar de su filosofía o el giro especulativo final de su dialéctica, la cual se habría acaso mantenido como dialéctica *strictu sensu*. Cierto que, a diferencia de otras filosofías, como la de Spinoza, acertó a pensar el Absoluto como autoescisión, desgarro y dolor, introduciendo en su seno la negatividad; pero alcanzó en el saber filosófico o conceptual un punto final de conciliación a esa desventura. Hegel pensó a Dios esencialmente como un Dios que padece y sufre, como Dios Pasión; introdujo en la esencia misma del absoluto la crucifixión (la idea de que la filosofía vive en la cruz del presente y es simbolizada mediante una cruz rodeada de rosas). Pero sólo en su obra juvenil acertó a mantener en toda su intensidad esa determinación diferencial del Absoluto, siendo el Amor lo que pudo preservarle entonces de un cierre liminar que superara el momento de lo escindido.

Pensar la escisión es pensar la Muerte, suprema forma de la escisión y de la diferencia. El vencimiento de la muerte pasa, en la *Fenomenología*, a través de la independencia de la consciencia, el trabajo, la producción, la actividad, presupuestos desde los cuales se constituye el sujeto libre. En su filosofía juvenil barruntó en el Amor el punto de vencimiento y superación de la Muerte, si bien no llegó a pensar el amor intrínsecamente vinculado a ella, en tanto desgarro absoluto, a la vez que como superación de la misma, como unión en ese mismo desgarro. No llegó, pues, a pensar lo que aquí intentamos pensar: la pasión de Dios como lo más propio y determinante de su esencia, y la «muerte de Dios» como intrínsecamente vinculada a su absoluto amor. *En la pasión se dan, en efecto, cita el amor y la muerte*. Esto Hegel hubiera podido pensarlo de haber perseverado en su filosofía del Amor.

Esta idea de Pasión, se traduce, en el cristianismo, en la idea de que el Verbo, el Hijo de Dios, se encarna, se hace Hombre. Y muere. Hegel habla en un texto juvenil de «la dura idea de la muerte de Dios». La idea de un Dios que se despoja de sus atributos divinos por amor, se hace hombre, habita entre los hombres, escindido en su doble naturaleza a la vez divina y humana, figura arquetípica de toda «consciencia desventurada» (esa idea que Wagner, de manera genial, sabrá recrear en la figura de Brunhilda, la hija de Dios Padre, la Voluntad de Wotan, que se rebela contra su padre por amor a él y a su secreta y escindida voluntad, despojándose de sus atributos divinos en el instante mismo en que «cae» enamorada del héroe Sigfrido), constituye la idea más profunda legada por el cristianismo a nuestra sensibilidad ética y estética y a nuestro pensamiento racional, pensamiento que acierta a concebirla en la Idea de Pasión, Idea que sintetiza en un mismo juicio Amor y Muerte traduciendo en ese juicio la «última palabra» de la sustancia divina, a la vez que la entraña y la raíz misma de la naturaleza y condición humana. «Ser filósofo», dice el joven Marx, «consiste en ir hasta la raíz, y la raíz es el hombre.» Hegel a punto estuvo de pensar y determinar —conceptualmente— el Absoluto como síntesis de Amor y Muerte —desgarro y unión— en el Amor, pero ese esfuerzo reflexivo, filosófico, de conceptuación le sugirió que acaso no fuera Amor o Vida la palabra última del Absoluto sino Razón, Espíritu racional, llegando a traspasar la figura de la desventura amorosa a una estación de tránsito de la consciencia itinerante.

Hegel supo extraer máximo rendimiento a la idea de Cruz, pensada en el corazón mismo de su concepto de Absoluto. Sus discípulos, en ocasión de un aniversario, le regalaron una medalla emblemática que representaba su propia filosofía en la cual podía verse una cruz rodeada de rosas, representación que produjo repugnancia en ese gran pagano que fue Goethe. La imagen conjunta y sintética de la cruz y de la rosa, la idea de Rosa-Cruz, podría definir mejor que nada un proyecto filosófico que produjo sus años de andanzas y aprendizajes en torno a la idea profunda, que no llegó a penetrar del todo, de que el Absoluto es a la vez pasión y amor o amor y muerte. Todavía en la *Filosofía del derecho* pudo Hegel evocar esa hermosa imagen, de claras resonancias románticas (piénsese en Caspar David Friedrich), al entender la filosofía como la «rosa en la cruz del presente». El tallo de la rosa lleno de espinas, la corona de espinas, a la vez irónicamente regia y sacrificial, la síntesis que todo ello sugiere en el terreno de la paradoja (que, según insinuamos en este discurso, constituye la base misma de toda verdadera dialéctica), la idea de unión entre máximo tormento y máximo goce, entre verdadera vida y anonadamiento, entre absoluta unión y absoluto abandono, esa idea esencialmente poética —la querida espina clavada en el corazón, la brasa ardiendo que me consume de gozo—, que aquí intentamos pensar o determinar en idea filosófica, halla acaso en Hegel su punto de referencia más subyugante, en la medida en que, en el curso de esa reflexión, empezó a pensar el Amor.

Sin referencia al Amor pensó esta misma idea el Nietzsche joven y romántico, wagneriano y schopenhaueriano, en su concepción sacrificial de un Dios que padece máximo tormento, *cuya pasión determina la producción de un mundo*, su concepción del dios Dionisios. Lo sugestivo de la concepción nietzscheana estriba en *esta precedencia de la pasión o padecimiento del Dios respecto a su acción poética y productiva. Porque* Dios padece, crea, no crea y *después* padece. La teología cristiana debe atreverse a profundizar en esta idea: pensar la pasión como la determinación y el nombre más propio que define internamente la divinidad y que expresa del mejor modo las «operaciones internas» de Dios. Dios sería, en y para sí, Dios sufriente y pasional. Sería sufriente en razón de ser un Dios dividido, un Dios dual, un Padre, un Hijo. El cristianismo acertó a pensar a Dios más allá del límite de la sabiduría pagana, que cifró todas sus antinomias filosóficas y teológicas en su concepción del Uno (de ahí el surgir mismo de una dialéctica formal en el *Parménides* de Platón y en las especulaciones neoplatónicas). Dios sufre porque es a la vez Dos y Uno, Dos «personas» y una «naturaleza». Debe alcanzar ese imposible que, secularizadamente, intentan también alcanzar Tristán e Isolda: hacer del Uno el Dos y del Dos el Uno. Ese imposible, origen mismo de la Dialéctica, determina la tercera persona, el Espíritu Santo, momento personificado de la Unión de lo escindido, momento propio del Amor. El Espíritu de Dios es Espíritu de amor, paráclito y dador de Gracia, *Charitas*, *Agape*, amor dispensador. La Pasión, síntesis de amor y muerte, es, pues, lo más determinante y propio que conocemos de la divinidad. Y bien, la creación del mundo, la acción productiva y *poiética*, el «principio de acción», deriva, como efecto respecto a su causa, de esa determinación pasional. Es la previa «caída» interna de la Divinidad, relativa a su autoescisión y autoabandono, a su autoenajenación, la que se escenifica en forma dramática en el mito de la caída del Hombre. Es el anonadamiento de Dios lo que, en la esfera terrestre, trasunto realista de la esfera celeste (para hablar en términos de Thomas Mann), aparece como prendimiento, juicio y crucifixión del Hijo de Dios. Puede, pues, decirse que la Historia es la escenificación del drama mismo de las operaciones internas esenciales que vive Dios consigo mismo. O que si hay creación, caída, encarnación, crucifixión, resurrección y pentecostés, en una palabra Tiempo, es en razón de que en ello se «simboliza», a modo de parábola, la historia con que el propio Dios se narra a sí mismo y se crea y recrea en ese relato de Sí a Sí. O que la Historia es la Novela que Dios se escribe para sí, siendo nosotros los hombres los personajes del drama. De ahí nuestro estatuto personal, es decir, etimológicamente, posicional de máscaras.

Chrétien de Troyes, en un fragmento, habla de su pasión en los siguientes términos:

«De todos los males, el mío difiere; me gusta; me regocijo en él; mi mal es lo que yo quiero y mi dolor es mi salud. No creo de qué puedo quejarme, pues mi mal me viene de mi voluntad; es mi querer lo que constituye mi mal; pero tengo tanto cuidado de querer así que sufro agradablemente y gano tanta alegría en mi dolor que estoy enfermo con delicia».

Cabe decir que la ética implícita en este texto de Chrétien de Troyes cuestionaría muchos de los principios éticos de las filosofías de la acción y en particular del spinozismo:

1) Al igual que en la *Ética* de Spinoza, buscaría también un principio de libertad; pero el sujeto pasional, lejos de querer reconvertir su pasión en acción, lejos de querer algo que le sacuda el yugo que le aprisiona, *quiere libremente su propio cautiverio* y no quiere otra cosa sino mantenerse en esa pasión que le domina y le hace esclavo.

2) No intenta reconvertir la pasión triste en pasión alegre, ya que en la tristeza halla su alegría y su regocijo.

3) Es lúcido respecto a eso que le pasa, con lo que puede afirmarse su paradójica, pero efectiva «racionalidad», una racionalidad que no excluye, como la spinozista, al sujeto pasional, sino que se desprende de él.

El sujeto pasional que habla en la literatura mística (que es, en cierto modo, prolongación de la literatura caballeresca) tiende a recrear el mundo, con sus valles y collados, con toda su variedad de presencias singulares y multicolores *a pesar de* hallarse obsesivamente polarizado por ese ser amado que infatigablemente busca. Habría de decirse, al contrario de lo que piensa a este respecto Ortega y Gasset, que si puede llegar a un conocimiento singular y diferenciado de las cosas es *a causa de* esa polarización obsesiva, incluso paranoica. O que esa locura del enamorado que provoca risa (según señala Spinoza) lo mismo que su obsesiva fijación al objeto de su atención, le permite abrirse al conocimiento del mundo, encontrando en él, con las huellas o los indicios simbólicos (metafóricos, metonímicos) del ser amado, también *a la vez* la singularidad intransferible y propia de toda cosa. Sólo en estado de enamoramiento se acierta a conocer *el rasgo propio*, eso que no es intercambiable ni generalizable, *eso* que es *eso —y sólo eso—*. De ahí que sea ese estado el que permita al sujeto ser afectado de muchas maneras posibles, siendo por tanto indicio de un aumento de *puissance* (y de actividad y libertad, podríamos decir, sólo que paradójica, dialécticamente entendidas).

No haber reparado en la fuerza probatoria —epistemológica y estética— de ese estado respecto al propio proyecto ético, que apunta a la constitución de un sujeto máximamente poderoso, constituye una auténtica debilidad y un lastre que el maravilloso edificio del filósofo judío arrastra acaso a pesar suyo. Y la razón de esa debilidad puede encontrarse, quizás, en la rémora estoica de esa ética, o en el tributo que Spinoza paga a la ideología espontánea del filósofo, ese ideal de sabio o *sofós*, que de Grecia al estoicismo y de éste a Descartes configura el ideal de vida del filósofo y conforma la biografía real y efectiva de la mayoría de quienes llevan «vida filosófica». En la cual toda la atención está centrada en la libertad, en el principio de autarquía y en el principio de razón, sólo que a costa de los «derechos» del principio pasional, que precipitadamente se considera atentatorio a libertad, razón y actividad, cuando de hecho abre estas ideas a formulaciones más refinadas, más misteriosas, pero a la vez, en su misma paradoja, más verdaderas.

¿Puede afirmarse, en rigor, que esa pasión que esclaviza al sujeto amoroso (según el código del amor-pasión) le resta poder, *puissance*, o debe afirmarse, por el contrario, que es en el seno de esa pasión —suicida, mortal, dolorosa— donde el sujeto llega a la plenitud afirmativa de su esencia y a la expresión de toda la carga virtual o potencial de su propia naturaleza? Si así fuera, entonces sería preciso rectificar las premisas de toda filosofía que, como la spinozista (y también la fichteana, la hegeliana, por no citar también la nietzscheana, la marxista), presupone cierto nexo intrínseco entre *puis-*

sance, poder y actividad, o entre poder, actividad y libertad. Entonces será preciso modificar el cuadro ético que esas filosofías sugieren, el rango implícito de los «valores máximos» desde los cuales muchas veces pensamos, tales como Libertad, Actividad, en síntesis conjuntiva con Poder, y atrevernos a pensar cosas tan paradójicas o chocantes como que, en última instancia, es un cautiverio, una tiranía y una forma de dominación (ciertamente singular e inconfundible con otras tiranías y dominaciones) que se expresa a través del amor-pasión, lo que debiera situarse en la máxima jerarquía ética, en una ética que será, entonces, algo distinto de lo que esta palabra espontáneamente significa, una auténtica y genuina meta-ética, o una ética paradójica que es menos una ética y más una patética.

En la medida en que ese amor-pasión hace vivir al que lo sufre un estado que se formula en paradojas tales como «dulce tormento», «felicidad en la infelicidad» —trovadores, narradores de libros de caballerías, petrarquismos de todas las edades son pródigos en estas expresiones— habrá que rectificar también la excesiva valoración que Spinoza hace de la «alegría», y habrá que devolver su rango superior a afecciones que en nada sugieren o suscitan ninguna «alegría de vivir», sino más bien extrema gravedad y seriedad, cierto que irónica y paradójica, como siempre lo es la seriedad, la gravedad de toda infelicidad que nos hace felices, de todo sufrimiento que nos produce dulzura, encanto y maravilla... ironía y paradoja que deriva del carácter paradójico-dialéctico del sentimiento concomitante a la tristeza deseada del amor-pasión —esa tristeza alegremente afirmada— y al sufrimiento placenteramente querido que deriva de su experiencia.

En la doctrina platónica *Eros* mantiene el estigma de una carencia y de una falta. Sólo trascendiéndose en contemplación, copulación y reproducción logra satisfacerse y colmarse. Su objeto, su fin es esa satisfacción, a la que Platón define como felicidad, *eudaimonía*. La cual se logra saliéndose de la órbita de *Eros*, que en consecuencia es transitoria, imperfecta, insuficiente. El fin que se busca es acoplar el sujeto anímico con aquella Idea o Forma que es la Belleza. El movimiento del sujeto enamorado, movimiento característico del alma, habla de una insuficiencia respecto al ser perfecto, que es estático.

La doctrina platónica no se agota en esta formulación que, sin embargo, corresponde a lo más visible y manifiesto de la misma y a lo que, históricamente, ha dado lugar al «platonismo» o a lo que ha llegado a ser la «herencia cultural platónica». Una profundización en la doctrina platónica podría llevarnos a rectificar sustancialmente esta interpretación, mostrando hasta qué punto en Platón se dan cita diversas concepciones del alma, del amor y del objeto que Alma y Amor persiguen (el Bien, la Belleza), alcanzándose una síntesis superior en la que Idea y Movimiento, y en consecuencia Perfección e Imperfección se imbrican y se entrecruzan de forma que autoriza hablar, legítimamente, de Dialéctica. Para los griegos, en principio, movimiento implica imperfección, mientras que reposo pasa por ser rasgo definitorio del ser perfecto. El Platón maduro, el Platón del *Sofista* y del *Parménides*, cuestiona estas ideas a partir de una concepción del alma como *eterno movimiento* que ella se da a sí misma y de una concepción dialéctica de la idea que incluye, en el inventario ideal, las Formas del Movimiento, de la Diferencia y del No-ser.

Sin embargo, inclusive esta doctrina crítica o autocrítica de la primitiva concepción estática platónica (la que, sobre todo en el *Fedón*, pasa por ser el paradigma del *platonismo histórico*) mantiene todo el peso y el acento de la «dialéctica» en el sujeto anímico, mientras el estatuto del objeto ideal, si bien muestra *formalmente* una estructura dialéctica, no sugiere ningún sujeto que pliegue reflexivamente esa dialéctica. Todo el peso de ésta recae en el sujeto anímico, apareciendo entonces la estructura móvil y dialectizada de la idea como correlato del *automovimiento* de ese sujeto, sin que se hable en ningún momento de una *subjetividad objetiva* que funde, desde el propio Ser, su propia movilidad, o que estipule como posición o figura del propio movimiento cada una de las Formas ideales en que se muestra. Ese sujeto está ausente y sólo de forma misteriosa se llega a intuir y barruntar, sólo que de manera negativa, como lo que está «más allá de la *ousía* o sustancia». No hay, pues, reflexión de *la cosa* que el alma anhela consigo misma, ni hay, por tanto, fundación objetiva de su propio movimiento. De ahí que éste comparezca bajo el carácter limitativo de una Idea o de una Forma (Idea o Forma de movimiento), manteniéndose a nivel anímico todo el peso subjetivo y reflexivo de ese movimiento. Subjetividad y reflexividad que, por lo mismo, subsisten pensadas sólo a medias, en un barrunto o escarceo de lo que, en la filosofía moderna, especialmente en el idealismo absoluto, alcanzará estatuto reflexivo. De ahí la superioridad general de éste cuando, en el joven Hegel, se alcanza una reflexión propiamente «reflexiva» sobre el amor, que no es ya exclusividad del sujeto anímico, sino que se halla incrustado en el corazón mismo del Absoluto.

El tránsito de esa concepción anímica del amor, que limita éste a la esfera intermedia del Alma, excluyéndolo del Ser, a una concepción ontológica —ontoteológica— del Amor que piensa éste como nombre propio y adecuado de la sustancia divina, viene dado por el cristianismo. La pregunta es, entonces, si ese estigma de carencia o falta que define al amor griego se mantiene toda vez que Dios mismo es pensado como Dios Amor. Cabe decir a este respecto que el Dios Amor es un Dios sufriente y pasional, un Dios que padece el tormento de su escisión y desgarradura, sin la cual escisión y desgarradura no habría en Él espacio de amor, por cuanto hay amor si hay dualidad, separación, siquiera sea la dualidad del Yo y el Yo dimanante de un «amor hacia sí mismo». Ahora bien, Dios es, desde el cristianismo, algo «superior» a un «ser perfecto»: es lo absoluto, lo infinito. En la idea de Absoluto se trasciende la dualidad de lo perfecto y lo imperfecto, la dualidad de la carencia y de la plenitud, de «lo que falta» y de la «satisfacción» de eso que falta. Queda, por lo mismo, cuestionada toda concepción ética *eudaimonológica* cuyo fin sea alcanzar «felicidad». El Dios cristiano, al incluir dentro de sí su propia diferencia, fundadora de separación y ausencia, la cual separación y ausencia determina anhelo y búsqueda, añoranza, esperanza, Amor, ese Dios que abandona su propio Hijo, que en consecuencia se autoabandona y anonada, trasciende toda dualidad en términos de carencia y plenitud o de felicidad e infelicidad, obligando al pensamiento a moverse en el terreno de la paradoja y de la dialéctica. Dios no es ya, por otra parte, Sustancia Una que deja, como saldo irresoluble, las antinomias permenídico-platónicas de lo Uno y de lo Múltiplo o de lo Uno y la entidad, sino que es, en su naturaleza misma, diferencia, escisión consigo mismo, autodesgarro, la cual diferencia funda un orden dual —de separación, de abandono, de vacío, de dolor, de odio— que sólo en la tercera figura, el espíritu de amor, alcanza, en pura insistencia en el elemento diferencial, su conciliación, su *Versöhnung*. Dios es Amor y, por lo mismo, en tanto está separado de sí, duele y «pena» respecto a sí, se siente a sí mismo como obstáculo absoluto y absoluta resistencia, se alcanza en la propia separación y evanescencia, lo cual hace pensar en *una violencia intrínseca del Ser Divino consigo y respecto a sí*. Hay, pues, Odio en la misma medida en que hay Amor, violencia en la misma medida en que hay anhelo. Ello en una unidad intrínseca, verdadera *symploké* de Amor y Odio, de *Eros* y *Principio de Muerte*. De hecho Dios a la vez es Amor y Muerte, de ahí su estatuto *pasional*. Porque ama muere Dios, porque es «mortal» puede amar. A la luz de estas consideraciones adquiere toda su magnitud la idea de Encarnación divina, humanización de Dios, Pasión, Crucifixión y Resurrección.

El objeto de amor es, para el ser finito, el propio Dios, que al ser amor, hace que el hombre ame el propio Amor al amar a Dios. Amar significa entonces amar el Amor. O lo que es lo mismo, amar el hecho mismo de amar, *querer querer*. La pasión del sujeto alcanza entonces fusión con la propia realidad subjetiva, resuelta en pasión. Esa pasión tiene por objeto La Pasión o es pasión que sólo quiere pasión, que sólo aspira a retroalimentarse, pasión con estatuto reflexivo. Estas ideas aparecen, en el plano secularizado de la novela mítica o *leyenda* (la que transfiere la historia de Dios a la historia de los héroes), en el *Tristán*. Tristán e Isolda, como ha señalado Denis de Rougemont, aman el Amor, siendo ellos, en tanto personas del drama, pretextos y ocasiones para que el Amor se ame a sí mismo y se retroalimente la pasión. No son, pues, objetos de amor, no son Formas que apaciguarían al sujeto erótico, sino objetos y formas que posibilitan que la pasión subsista y en perpetuo estado «insatisfecho» o «infeliz» (dicho paradójica y dialécticamente). Nada quieren menos Tristán e Isolda que calmar y satisfacer el anhelo que sienten el uno por el otro. Nada desean menos que el placer, el reposo, la alegría y la paz. De ahí que quieran los propios obstáculos que entre ellos interfieren, de ahí el carácter oportunamente asocial, ilegítimo y adúltero de una relación que, de esta suerte, asegura su no consumación, o la consumación siempre deficitaria, siempre en peligro, siempre acosada, que se produce todas las veces en espacios separados, Cueva de Amor, Desierto, escondites y reductos nocturnos que rehúyen la luz del sol y el estruendo de la vida mundana gobernada por los valores del *Saeculum*.

Denis de Rougemont sugiere que los amantes Tristán e Isolda, lejos de querer consumar su amor en una unión feliz, satisfactoria y placentera, precisamente porque no buscan placer y felicidad sino pasión, no expresan una voluntad resuelta en vencer cuantos obstáculos se interponen en su camino, llegando incluso a dormir «juntos y separados a un tiempo» con una espada recostada entre los dos cuerpos de los amantes. Parece, pues, que hay en ellos una «voluntad inconsciente» de interponer entre sí esos obstáculos que aseguran la no consumación de la pasión y la retroalimentación de ésta. Puede decirse de ellos, como decía Zarathustra de sí mismo, que «no quieren la felicidad». No quieren la felicidad sino la pasión, en lo que tiene de padecimiento y sufrimiento (Zarathustra, dentro del horizonte reflexivo del «sujeto de acción», confiesa que «no quiere felicidad sino que quiere obras»...).

Denis de Rougemont señala que el paradigma de todos los obstáculos, aquel que secreta o simbólicamente es connotado por todos ellos, es la muerte, única consumación lógica de un amor de estas características. Esa muerte está presente desde el desencadenamiento de la pasión. Wagner, en su ópera, escenificó de forma magnífica ese vínculo al hermanar el filtro de amor con el filtro de la muerte. Puede decirse, pues, que Tristán e Isolda juegan su pasión en el horizonte de la muerte. No es una pasión suicida, aun siendo como es expresión de anhelo de morir, manifestación de *Todeslust*. Lo que se busca es rebasar la identidad yoica del «sui» en la dualidad fusiva y dialéctica, trascender el suicidio en el duo-cidio, siendo la Muerte el lugar a la vez de la separación absoluta y de la fusión absoluta, del desgarro y de la comunión. Es requisito de la relación Tristán-Isolda (o de todas aquellas parejas arquetípicas que viven idéntica pasión, sean Romeo y Julieta, Pentesilea o Aquiles, el propio Kleist y Heinriette) compartir la muerte, ya que se aspira a un imposible estremecedor, vivir la muerte del otro, esto que todo «sentido común» rechaza y a toda ética supuestamente racional repugna, lo mismo que toda analítica de la existencia.

La máxima desesperación e infortunio de Isolda en el curso de su relación con Tristán lo sufre en medio de una tormenta que retrasa su llegada en barco a Cornualles, donde sabe que se halla su amado agonizante. Isolda no sufre por razón de que Tristán esté al borde de la muerte, sino por no llegar a alcanzar el instante supremo de la muerte a dos. Sus reproches contra Tristán son reproches de infidelidad, siendo el paradigma de toda infidelidad la muerte solitaria. Wagner ha sabido jugar genialmente con esta situación, permitiendo a la heroína llegar en el instante mismo en que Tristán exhala, entregándole lo más preciado, su nombre, el nombre «Isolda», a través de la cual exhalación se le va la vida. De hecho, esa exhalación «mata» a Isolda, que recibe, con su propio nombre, el dardo que le hará morir de amor. Pues cabe preguntar, ¿de qué muere Isolda, qué es lo que provoca esa muerte? A lo que hay que decir que muere de amor, por contagio. O que es esa voz que le nombra, en la cual expira Tristán, lo que produce en ella su propia exhalación. La muerte de Isolda, genialmente escenificada por Wagner, es una ascensión, de ahí que sea impensable representarse, al término mismo de la ópera, a Isolda «cayendo» en el suelo: Isolda asciende a través de oleajes de sublime voluptuosidad hacia el *espacio-luz*, a modo de mariposa de fuego, cual si fuera un ascua ardiendo. La muerte de amor sugiere por eso el término Consumación y sólo puede ser simbolizada por la llama.

No todas las muertes son iguales y es falsa la idea, hoy muy prestigiada —por lo menos desde Hegel— de que la Muerte nos constituye a todos por igual, en tanto es lo que todo lo iguala, la suprema abstracción, lo que nivela y, si vale decirlo así, lo que «generaliza» todas las cosas. Ya Heráclito sugería que nada tiene que ver la muerte del que muere en el combate y la del que muere de enfermedad. En general cabe decir que el término o concepto «muerte» debe ser analizado, es decir, destruido en su amalgama indebida, en la mezcla que ideológicamente promueve de situaciones singulares que son, entre sí, me atrevería a decir, equívocas, o que tienen la misma comunidad que tiene León cuando se emplea para nombrar una ciudad o para nombrar un animal. Y bien, la muerte de Tristán e Isolda, querida, deseada, gozada, que es propiamente la culminación de la pasión, debe diferenciarse diametralmente de otras situaciones que traen a la boca también la palabra «muerte», con las que nada guarda o casi nada en común.

Podría decirse, parodiando a Heidegger, que el sujeto pasional difiere del *Dasein* de este filósofo en que no se resuelve a ser en el horizonte de la nada desvelada por la muerte sino en el horizonte del ser que, en toda su fuerza y poder, es desvelado por una pasión de la muerte en la misma medida en que trama relación intrínseca con ella. La *nada* es revelada, ciertamente, en la pasión, que la incorpora y la hace suya, pero asimismo le da otra forma y figura, la transforma y la transfigura. En el amor-pasión, la nada es incorporada y asumida. O dicho en toda su pregnancia teológica: la nada es redimida. Y por consiguiente lo es también la muerte. Si el ser y la nada son, como señalé en mi libro *La memoria perdida de las cosas*, principios últimos irreductibles de cada cosa, que en el plano de los entes dan lugar a combinaciones y mezclas, según predominios e inclinaciones o dosis hacia uno y otro de los dos principios omnipresentes y omnipotentes, ahora cabe añadir, a la reflexión dualista y cátara allí iniciada, que en el amor-pasión se alcanza la vía misma —de salvación— mediante la cual el alma reconvierte no tanto sus pasiones en acciones (como el spinozismo), ni tan siquiera las fuerzas reactivas en activas (como en el nietzscheanismo), cuanto *al principio de muerte en principio de vida*, la muerte en vida, la nada en ser. De este modo queda transmutado el sentido espontáneo y obvio de estos términos, siendo la muerte de amor verdadera vida, siendo entonces muerte, en el sentido negativo y pavoroso que este término sugiere, la «muerte en vida», la muerte de quien deja de vivir, la muerte del que deja de padecer, de sufrir, de amar: la muerte del sujeto pasional, la muerte de la pasión.

Lo que de verdad se quiere es padecer: sé que una afirmación así resulta inaceptable en una sociedad y en una cultura imbuida del tranquilizante opio de las éticas del placer, del hedonismo, de la «sensualidad emancipada» y del *behaviourismo* sexual. *Lo que se quiere es sufrir*. *Tannhäuser*, lleno de lucidez, dejó los brazos venusianos porque estaba harto y satisfecho de «ser feliz» y «experimentar placer». «Quiero sufrir... quiero morir», le dijo a Venus de forma bien expresiva. En razón de esta convicción (que nada consigue refutarme) defino en este discurso por objeto del querer el sufrimiento, el padecimiento, asimilándolo a felicidad, goce y placer, y defino el *dolor* del siguiente modo paradójico (y a mi modo de ver, verdadero): *Dolor es la afección que adviene cuando se deja de sufrir o padecer.* Cuando se deja de sufrir hay duelo, duelo por aquél, aquello, aquella que ha dejado de hacernos sufrir, duelo por la desaparición del ser «querido» (o sea, «el que nos hace sufrir»). *El sufrimiento es alegría y positividad*, pese a cuanto haya dicho al respecto Schopenhauer, que tergiversó plenamente los datos de la experiencia, asimilando el sufrimiento al dolor. El dolor *máximo* adviene cuando se deja *absolutamente* de sufrir. Sobreviene entonces *hacedía*, forma extrema de pereza, *spleen*, tedio vital. De hecho, dolor y tedio son la misma cosa. O el tedio es la forma extrema del dolor. A veces logra anestesiarse mediante *acción*. A eso llamo aquí muerte, a la muerte del alma, a la muerte del sujeto pasional, la muerte en vida, la única que produce de verdad horror y da lugar a verdadera compasión: la muerte que mantiene en vida a un sujeto con estatuto simplemente «civil». El drama de nuestra condición histórica consiste en que, con harta frecuencia, se hallan disociados el sujeto pasional y el sujeto social, de manera que el pasaje a éste se consuma, muchas veces, a expensas del primero, mediante inmolación de la pasión.

Difícilmente puede entenderse el amor que siente el cincuentenario escritor Gustav Aschenbach por el eslavo adolescente de rizados bucles y adorable, pálida faz —donde se da cita, como en tantos relatos de su autor, Thomas Mann, la belleza con la debilidad o hasta una secreta y presentida enfermedad—, difícilmente puede concebirse como «pasión no correspondida», puesto que el sujeto pasional la padece con relación a algo o alguien que es, en propiedad, encarnación de una *idea propia* o de una Forma, bien platónica por cierto, y bien «subjetiva» si se me permite la expresión... El niño despierta el mundo intransferible de ensueño y de fantasía del escritor. En primer lugar, le evoca su propio ascendiente eslavo, ascendiente que le viene por vía materna. En segundo lugar, ese ascendiente le establece sutiles correspondencias entre su propia filiación matrilineal y el vínculo entre el bello efebo y su hermosa y distinguida, a la vez que silenciosa, madre, la cual prodiga al joven toda suerte de mimos y de cuidados, cosa que al escritor no se le pasa desapercibida. Encuentra, pues, en la familia de huéspedes venecianos, y en particular en la sospechada relación entre la madre eslava y el hijo adorado, un sutil juego de resonancias respecto a sí mismo o a su propio deseo oculto. El escritor articula esa oscura fantasía con reflexiones teóricas sobre la belleza, con el *Fedro* platónico y con su propio proyecto creador, ya que está empezando a preparar lo que acaso llegue a ser «la obra de su vida». El niño eslavo que ve ante sí, objetivamente podríamos decir, es, para Aschenbach, en cierto modo él mismo, o el niño que Aschenbach acaso fue o quiso ser, el niño que Aschenbach «tiene dentro de sí» y que en la obra de su vida llegará quizá a dar a luz, tras concepción y largo embarazo. Su amor-pasión no trasciende, por tanto, la esfera monádica de su propia subjetividad, siendo el correlato real del objeto de su deseo y fantasía algo que sólo a él compete y pertenece, pero que no parece dar signos de poseer, a su vez, subjetividad, una subjetividad «otra» enfrentada a la suya. Y, sin embargo, no es así, porque algo es de suyo el bello efebo, más allá de las fantasías y las especulaciones del escritor, es el cómplice secreto y sumiso de su deseo, el sujeto que se pliega al deseo del sujeto pasional, un sujeto que se quiere a sí mismo como *objeto* del sujeto pasional.

Si el amante platónico ama una idea propia a la que da estatuto de Idea real y objetivo —una Forma o Figura de naturaleza invisible a la que se llega por reminiscencia—, Tristán e Isolda, en cambio, no aman un objeto, o no son sujetos que amen a un objeto. Ciertamente Tristán ama a Isolda (ama, pues, la idea propia que el sujeto pasional Tristán concibe bajo la forma de Isolda). Lo mismo puede decirse de Isolda respecto a Tristán. Pero lo que hace posible que ese amor sea recíproco no es tanto, o no es solamente, un «narcisismo a dos», como pretende sugerir Denis de Rougemont, sino el hecho, bien singular, de que no aman tanto un supuesto ser sustancial con estatuto real enfrentado al sujeto (sea concebido como Forma, al modo platónico, como sustancia individual, al modo aristotélico, o como persona libre y existente, al modo cristiano-tomista) cuanto un movimiento, un devenir, un proceso, un dinamismo, algo que rompe el estatismo y la fijeza de toda esta falsa cháchara de entidades con pretensión de sustancialidad o de «personalidad», en un curso dialéctico en el cual lo que importa es *amar* en el sentido verbal e infinitivo, siendo por tanto el que ama y el que es amado, puras formas verbales, posicionales, de un proceso, por lo demás complejo y reflexivo. De hecho, lo que aman no es *lo que* aman, un algo, una *quididad*, una *haecceitas*, sino que aman el hecho mismo de amar, no equivocándose en este punto Denis de Rougemont, que por prejuicios teológicos (cristiano-ortodoxos) tergiversa sus propias intuiciones verdaderas.

La novela de Mann nos ilustra, por tanto, acerca del amor-pasión a partir del espacio monádico de la subjetividad solitaria y ensimismada. En general, Thomas Mann no acierta a concebir de otro modo el amor-pasión, de ahí su condena poética o su peculiar justicia respecto a dicho sentimiento. Como alternativa a un proceso en el cual sólo se le presenta el carácter destructivo que posee, en razón del subjetivismo estático que lo dispone, sólo acierta a encontrar el amor institucionalizado, mitigado, que tiene en la fórmula matrimonial su concreción más obvia. Para Mann todo amor-pasión es «esteticismo erótico» que encierra o solapa un contenido siempre narcisista-homosexual. Pero se le ha escapado en esta reflexión lo esencial del amor-pasión, su carácter a la vez reflexivo y recíproco, su carácter dialéctico. En todas sus narraciones el amor-pasión asume la forma griega de un amor unilateral nunca recíproca, pero añade a esa concepción estática el peso dramático, si no trágico, del amor-pasión cristiano medieval. De ahí que ese amor-pasión unilateral aparece entonces como la mayor prueba y suplicio del alma, pero sin que sea posible alcanzar su nivel de conciliación con esa prueba y ese suplicio sin trascenderlo. La trascendencia se produce en Mann o bien en forma de destrucción, de triunfo del *principio de muerte*, o en forma de renuncia a la pasión, como forma de sobrevivencia, a la vez que como forma de adquisición de estatuto civil, social o político. Gracias a que renuncia a su larvado amor por Petpré puede José convertirse en el gran forjador del Estado en su forma prístina y faraónica, mientras que aquellos que, como Aschenbach, como el pequeño señor Friedman, como la lánguida protagonista de la bella narración *Tristán*, se entregan a la pasión y sucumben a ella son castigados siempre con la degradación, con la pérdida de la dignidad, con la enfermedad —en ocasiones pulmonar o cancerosa— y finalmente con la locura o con la muerte.

Hegel llama «certeza sensible» al primer estadio del conocimiento. En él el sujeto se abre al mundo y señala, por vía digital o exclamativa, una serie siempre abierta de cosas singulares: he aquí una casa, he aquí un árbol...

A partir de ahora nos moveremos en este primer territorio en el cual despunta el conocimiento. El sujeto abrirá los ojos y contemplará un objeto singular. La pregunta es, entonces, qué entendemos por objeto singular, qué concepción nos hacemos acerca de la singularidad. Llegar a formarnos una Idea de singularidad en polémica con las reflexiones en curso sobre este tema —y en particular con las tesis hegelianas— será el principal objetivo de las páginas que siguen, en las cuales avanzaremos del despertar mismo del sujeto al enfrentarse a un ser singular, hasta llegar al umbral mismo en que el *singular objetivo* a punto está de desvelarse, a su vez, como subjetividad. El término pasión expresa el movimiento o proceso conectivo entre el sujeto y el objeto. La pasión quedará determinada, en este primer estadio, de forma obviamente unilateral y restringida. Sólo más adelante podrá accederse a una concepción compleja y en relieve de la pasión. De momento analizaremos la pasión *en sí*, tal como se presenta al sujeto a partir de una iluminación, todavía objetiva o cósica, del objeto. De este modo podremos acaso tener acceso a la pasión *para sí* (o *por sí*): la pasión que funda a la vez el orden subjetivo y el objetivo, la pasión capaz de soportar un orden comunitario y social.

Distinguiremos, asimismo, la singularidad del «orden común», polemizando con las *filosofías de la consciencia común*. Más adelante reconstruiremos el orden comunitario y social a partir de la perspectiva abierta por nuestra idea de singularidad y de pasión.

En el poema de Gottfried von Strassburg hay un detalle que no debe pasar desapercibido. En una de las numerosas veces en que Tristán herido se llega hasta el reino de Irlanda para que Isolda madre e Isolda hija le curen la herida con sus artes mágicas (la flecha que ha herido a Tristán es una flecha envenenada), Isolda hija, Iseult la Rubia, como en el poema se le llama, descubre de pronto la identidad del personaje, que ha pasado por llamarse «Tantris», para que no se le pudiera identificar con el héroe enemigo que dio muerte al gigante Morold, hermano de la reina de Irlanda. El signo delator es la espada, que Isolda hija de pronto reconoce. A continuación descifra el anagrama del nombre supuesto, inversión del verdadero nombre «Tristán». Isolda hija, en ese instante, siente hacia Tristán un odio profundo y reconcentrado. Hay que decir que, anteriormente, su sentimiento hacia él era de una difusa indiferencia que contrastaba con la inclinación fuerte y cordial de la reina madre. Inmediatamente se inicia en ella una de esas características situaciones de conflicto interior y duda que aparecen y reaparecen en la novela de Gottfried von Strassburg. Finalmente se decide a la grave decisión de matar al héroe con la misma espada que delata su identidad de enemigo. En el poema de G. von Strassburg es la reina madre quien logra disuadir a su hija, pese a la información que ésta le da respecto a la verdadera identidad de «Tantris». Isolda hija renuncia, pues, a la venganza, pese a lo cual —y con este sentimiento parte rumbo a Cornualles para casarse con el rey Market— sigue odiando de forma obsesiva y feroz, aunque disimulada, a Tristán, odio que sólo con la ingestión del filtro o bebedizo del amor se trocará en amor igualmente obsesivo y feroz.

Pero una versión más antigua de la leyenda explica de otro modo el cambio de propósito de Isolda hija, y la explicación es sumamente reveladora. En efecto, Isolda hija, en el instante en que, estando Tristán echado en el lecho, malherido e inconsciente, levanta la espada para clavarla sobre el corazón del héroe, en ese instante mismo en que, con los dos brazos alzados y apretando el arma con ambas manos, se dispone a asestar el golpe mortal sobre el héroe, satisfaciendo así su odio y vengando de este modo a su estirpe ultrajada, *algo ve* en Tristán que le hace cambiar radicalmente de propósito, a saber, *sus bellos ojos*. De forma escueta y emocionante, el narrador no dice más que eso, se contenta con señalar que ella advierte de pronto «sus bellos ojos», los bellos ojos del héroe malherido. Con esa concisión de estilo con que los escritores medievales acertaban a decir *lo relevante*, con esa manera de subrayar y poner de relieve *lo singular* a fuerza de economía estilística y despojamiento de toda adición expresiva de carácter adjetivo, queda ahí, para nuestro solaz, recortándose de toda la narración, esa *enunciación singular acerca de lo singular*, esa *proposición* que explica el cambio de propósito de la bella Isolda: «sus bellos ojos»...

Contrasta la minuciosidad descriptiva, propia de un amanuense, de que hacen gala estos narradores cuando cuentan lo que *no cuenta de verdad*, lo que, por hacer referencia a lo habitual y cotidiano, puede considerarse el adecuado «relleno» que confiere, a cualquier narración, su armazón y su arquitectura. Minuciosas, miniaturistas descripciones de fiestas, torneos y justas en donde se recorre con deleite toda la abigarrada profusión de armaduras, estandartes y banderas; adjetivación emblemática que concede a cada personaje el apodo mítico que le corresponde, Isolda la Rubia, el Sol Radiante, Isolda Madre, el sol en su ocaso, Brangania, la Luna llena... Contrasta todo ello con la sobria y económica enunciación de lo que es, en razón de su carácter singular, generador de verdadero conocimiento, pues se trata de una auténtica revelación («sus bellos ojos») y generador asimismo de acontecimiento, por cuanto desvía el curso de la acción emprendida por Isolda, hasta torcer plenamente sus iniciales propósitos. Más que una inconsciente maestría *naïve* se advierte, pues, una clara voluntad de estilo. Y así, esa frase que habla de «sus bellos ojos» y que modifica tan sustancialmente las vidas de Isolda y Tristán, mutando el sentimiento de aquélla hacia éste o matizándolo afectivamente de forma bien decisiva, esa frase, en la que se revela lo singular a través de un sobrio enunciado que dice todo cuanto hay que decir respecto a lo que es singular, esa frase requiere ahora nuestra atención, pues constituye un ejemplo o una ilustración muy pertinente de lo que quisiera a continuación plantear, a saber, el problema filosófico por excelencia, el problema primero de cualquier filosofía poskantiana, el problema del conocimiento. Problema que, al parecer, se estrella, de Aristóteles a Hegel y de Hegel al empirismo lógico, con esta cuestión del enunciado de lo singular, cuestión que se supone irresoluble en razón de un último resbalón de toda razón o *Lógos* respecto a aquello sobre lo cual habla o razona.

En este punto es necesario, una vez más, cual nos sucedió con el término pasión, confiar en el propio lenguaje corriente, que es más ilustrado y sabio de lo que suele injustamente reputarse. Y bien, el lenguaje mantiene, cuando menos, dos significados de «singular», aquel según el cual singular se opone a plural y a general, sentido cuantitativo del término que lo refiere a la extensión, y aquella segunda significación en la que se opone singular a habitual y normal, en sinonimia con términos tales como «excepcional, extraordinario, raro, extravagante, curioso, sorprendente, ligeramente distinto y ligeramente diferente de lo que pasa por ser regla o normalidad». En este segundo sentido singular adquiere una significación cualitativa y hace referencia a la intensidad. Creo que el problema del conocimiento, como todo problema, debe partir de una previa elucidación terminológica o de un análisis del significado de aquellos términos relevantes en que se plantea. Pues bien, el problema del conocimiento del singular suele partir, en filosofía, del presupuesto de que por singular se entiende una indicación *numeral* sobre la cosa, que se supone singular por diferenciarse cuantitativamente de otras cosas. Por esta vía, singular es algo innombrable, pero objeto de una indicación que es, en verdad, indicación numérica, o que se interpreta implícitamente como indicación numérica. Se dice que la *deíxis*, el señalamiento de una cosa por vía digital, sería el soporte empírico del cual «depende» cuanto digamos de esa cosa. Lo que señalamos es la cosa. «He aquí una cosa», decimos. «¡He aquí algo que llama nuestra atención!», exclamamos, entre sorprendidos y admirados. Pero de esa admiración, de ese estupor cobramos, al parecer, únicamente una indicación numeral respecto a eso que nos afecta, esa cosa que hiere nuestra sensibilidad, nuestro cuerpo y nuestra alma. Decimos de eso que es «algo» y decimos también que es cierta «unidad». Con ello cargamos sobre nuestra «subjetividad empírica» cuanto haya de adición «afectiva» en ese desencadenamiento de nuestra atención y de nuestro conocimiento. En ignorancia de que ese reparto entre lo que procede de la cosa y lo que «añadimos» nosotros en tanto sujetos psicológicos no deja de ser una abstracción que a posteriori efectuamos. De hecho, vaciamos esa cosa singular que nos sorprende del efecto de sorpresa que sentimos, hasta dar con lo que suponemos ser el meollo real mismo de la cosa, aquello que «resta» de nuestra propia puesta entre paréntesis. Pero ocurre entonces que abrimos la losa y el sepulcro está vacío, o que en esas operaciones de vaciado y puesta entre paréntesis se nos fue, con nuestra alma pasional, también la cosa. De hecho, cubrimos ese vacío con una indicación numeral, hasta poder decir «he aquí algo que, cuanto menos, constituye una singularidad». Pero entendemos entonces por singularidad una referencia numeral, perdiendo en cambio lo que en verdad era eso que habíamos entrevisto. Ya que si nos habíamos fijado en ello era en razón, ciertamente, del carácter singular de la cosa, pero entendiendo «singularidad» en ese segundo y decisivo sentido que lo opone a habitual. Segundo sentido que desfonda el primero en un plano más radical, toda vez que la «generalidad» numérica a la cual el primer sentido se oponía era, vistas las cosas desde el orden real, que es el orden cualitativo e intensivo, reductible a «habitual». Por cuanto —y en esto el empirismo lleva toda la razón— la generalidad no es más que la recurrencia, por vía de memoria y hábito, de aquellas cosas que no alcanzan a singularizarse. ¿Qué significa entonces singularizarse? ¿Cuándo una cosa se hace singular? ¿Bajo qué circunstancias brota lo singular? ¿Bajo qué condiciones se revela lo irreductible a cualquier generalidad, aquello que obliga a distribuir de nuevo cuanto conocemos de las cosas…? Como se ve, es esta cuestión la que pone ante nosotros la cuestión epistemológica, ya que sólo cuando algo se singulariza ante nuestra atención estamos en condiciones de conocerlo. Y en general de *conocer*.

¿Qué es lo que *de verdad* conocemos? ¿Cómo y bajo qué condiciones podemos decir que conocemos *algo*? ¿Cuándo y bajo qué condiciones puede afirmarse que *aumenta* nuestra potencia de conocer? O para decirlo a la moderna: ¿cuándo puede afirmarse que *progresa* nuestro conocimiento? ¿Cómo, bajo qué forma se nos revela eso que hace aumentar nuestro conocimiento, eso que *produce en nosotros conocimiento*? He aquí el «problema del conocimiento» planteado en los términos en que yo juzgo que es pertinente plantear.

Eso que produce conocimiento siempre es, pienso yo, un *suceso singular*, eso que el castellano llama *ocurrencia*, palabra enormemente expresiva por cuanto disuelve la dualidad del sujeto y del objeto (o del pensamiento y de la cosa) en un proceso único que puede, por abstracción, concebirse como «algo que pasa por la cabeza» o bien «algo que ocurre en la realidad», poseyendo además la gran ventaja sobre otros términos de sugerir el comienzo o el desencadenamiento mismo de un *proceso*; y de un proceso singular. Ya que «ocurrencia» tiene, como «singularidad», la connotación de algo insólito, de algo que llega intempestivamente a la mente o que sucede inesperada, impredeciblemente, generando en consecuencia un *decalage* en el alma y en lo real (que son para mí las dos caras de lo mismo, susceptibles de distinción por vía atributiva). *Decalage* que se registra como admiración y estupor, como *zaumadsía*, eso que Platón consideró, con gran acierto, el estado mismo en que tiene *lugar*, en su origen, la filosofía, y en general todo conocimiento que pretende ser verdadero y adecuado. Ese *decalage* da lugar a rutas mentales varias, desde el registro humorístico hasta el registro poético. Es, en cualquier caso, el punto desde el cual puede originarse un proceso que se pretende creativo, es decir, *poiético* en sentido griego: productivo y poético a la vez. Es, pues, el lugar en el cual se alumbra el conocimiento, ya que entonces, y *sólo entonces* (y este punto es importante) puede haber en verdad conocimiento, o lo que es lo mismo, revelación de lo exterior a uno, muestra del otro ante nosotros. Es en ese lugar donde, imprevistamente, se revelan ante los ojos atónitos de Isolda hija «sus bellos ojos», los ojos del héroe malherido sobre el cual quiere descargar su golpe mortal. El otro aparece de pronto como algo ajeno a la previa apropiación fantasmática determinada por los demonios de la estirpe, apropiación generadora de odio y de deseo de venganza. La «mónada» Isolda, por decirlo de este modo irónico, abre entonces, pese a cuanto nos dice

Leibniz al respecto, una ventanilla diminuta en la fortaleza —por lo demás vacía— de la propia subjetividad. Y por allí se filtra algo externo al sujeto, a saber, «sus bellos ojos», algo que afecta el cuerpo y el alma del sujeto, provocando en él conocimiento. En efecto, eso que ve *corrige* a Isolda del conocimiento previo y presupuesto —las ideas de recibo— que tenía del héroe enemigo y malhechor. Y, comoquiera que la prueba del conocimiento auténtico (término éste preferible a «verdadero»), la prueba acerca del valor o temple de un conocimiento estriba en la capacidad que tiene de corregir conocimientos previos y presupuestos, puede afirmarse que, en esa dramática situación, Isolda conoce algo, un rasgo singular, «sus bellos ojos». Ese rasgo es insólito en razón del correctivo que introduce a lo que podía esperarse de quien es previamente concebido como enemigo y traidor, si bien a este respecto cabría decir más cosas de aquellas que sugiere el «discurso consciente». Pero no nos metamos todavía en profundidades, so riesgo de desviarnos de nuestro análisis. Lo que importa señalar es que esa revelación, «sus bellos ojos», provoca de inmediato una reacción en Isolda que la hace torcer sus propósitos y resoluciones voluntarias, con lo que vemos ahora actuar la revelación, no sólo sobre el conocer, sino a la vez —en unión conjuntiva— sobre el querer, de manera que su línea de acción queda sustancialmente modificada y su voluntad corregida. Lo cual nos autoriza a decir que el suceso singular o la ocurrencia desencadena a la vez conocimiento y acción, o bien conocimiento-acción, razón-acción, siendo la «base empírica» que da lugar a tan sabroso efecto sintético, no ya un «hecho físico» (cualquiera) que ha sido, casualmente, observado, cuanto un suceso pasional, algo que ha sido *sufrido* por el sujeto virtual de conocimiento y de acción, el cual, *contra* su voluntad y *contra* sus ideas previas de recibo, ha sido «atacado» por la singularidad irreductible de unos «bellos ojos», que le han hecho desfondar propósitos, desviar rutas imaginativas y mentales, torcer afectos, cuando no caer en esa «bella fiebre» que, en este discurso, llamamos «enamoramiento». El sujeto conoce y actúa porque previamente padece. O alcanza nuevo conocimiento, nueva acción, porque previamente ha padecido. O bien *produce* conocimiento y acción porque algo ha pasado por su alma, porque algo *le ha pasado*. Es, pues, lo que pasa, «lo que nos pasa», la base empírica del conocimiento racional y de lo que hoy se llama Acción o Praxis. Es, pues, la pasión la condición de posibilidad de que haya producción, que es siempre producción pasional de acción y de conocimiento. Es, en suma, la síntesis, la *symploké* de pasión y producción desencadenada por el suceso que pasa por nuestra alma y nuestro cuerpo, por toda alma o todo cuerpo que acierte a sufrir y a saber sufrir, lo que hace posible la constitución de eso que, solemnemente, se suele llamar, en filosofía, sujeto teórico y sujeto práctico, que en la pasión tienen su punto de partida y su unidad intrínseca. Esta explicación que aquí damos del origen del conocimiento es, como se ve, un *empirismo corregido*, un empirismo del sujeto pasional nunca pasivo, un empirismo de la pasión...

Lo que se revela como singularidad es aquello que puede dar lugar a una expresión artística, aquello que puede producir en el cuerpo y en el alma que padece la incisión de eso que se revela («sus bellos ojos») una *respuesta artística*, sea en forma de gesto, de expresión, de enunciación, de poema o cántico. Eso singular es, por tanto, invitación al arte. Eso singular es, ciertamente, sufrido por el sujeto que, en virtud de esa incisión, corrige el tedio en que suele registrar lo habitual o general mediante sensaciones que pueden dar lugar, también, con el sufrimiento, con el padecimiento, a lo que suele llamarse *dolor*, si bien en este punto conviene atenerse cuanto sea posible a la experiencia sin tergiversarla tendenciosamente. Un ejemplo de esa tergiversación que traduce la diferencia entre hábito y padecimiento por los términos, muchos más restrictos, de tedio y de dolor, sería Schopenhauer en su análisis sobre la dialéctica de la voluntad, yugulada entre estas dos polaridades desazonantes, dialéctica que retoma Beckett en un, por lo demás, extraordinario análisis de la memoria en Proust. Eso que sufre el sujeto desencadena en él una posibilidad de respuesta, o abre un campo virtual en donde puede alumbrarse la expresión artística, la cual es la determinación productiva de ese padecimiento o pasión en una expresión que acierta a *recrear* lo que hay de singular en la cosa revelada. Eso significa interpretar lo sufrido, *interpretar la pasión*, en el sentido musical del término. Eso que se alcanza a recrear prueba su temple artístico en su *capacidad de evidencia*, lo cual significa revelación de la singularidad in-comparable de la cosa, lo que la hace ser lo que es y sólo eso que es, lo insubsumible en otras cosas, eso que el poeta dice cuando enuncia «sus bellos ojos»...

Desde el entrecruzamiento que aquí estamos sugiriendo del problema gnoseológico y del estético, problema que se disuelve en la elucidación del proceso pasional, puede afirmarse que, si bien lo singular que se revela no puede «enunciarse», sí en cambio puede dar lugar a «enunciación», puede anunciarse y cantarse, poetizarse o expresarse (en gesto, en palabra, en música, en pintura, en monumento). De hecho, el lenguaje encuentra, al darse cita con lo singular que se padece, sus propias raíces, que son poéticas, poéticas en sentido etimológico: el lenguaje se produce entonces, se crea y se recrea. Alumbra en la irreductible singularidad de la expresión («sus bellos ojos»), la irreductible singularidad de aquello a lo cual la expresión hace referencia: eso que *le pasa* a Isolda al encontrarse ante Tristán y advertir en él «sus bellos ojos»...

El problema primero del conocimiento, problema de la base empírica o del *dato* de experiencia es, como puede adivinarse por lo que voy diciendo, ante y sobre todo un problema estético. No erraba Kant en llamar «estética trascendental» a su teoría de la sensibilidad, pero sí en cambio erró en inventar un supuesto sujeto común («común para nosotros los hombres») que impidió concebir su estética en el sentido que este término adquirió por esa época, teoría de lo bello artístico. Kant pensó el sujeto estético en la encrucijada entre formas a priori, universales y necesarias, como son el espacio y el tiempo según él llegó a concebirlos, y la irreductible *empiría* de un dato «externo». Sólo que ese dato, en buen empirismo, era «cualquier dato» que pudiera afectar a «cualquier consciencia sensible», sin que a ese primer y decisivo nivel se introdujera una instancia crítica discernidora entre aquellos datos de consciencia reductibles, por vía de hábito y memoria comunal, a generalidad, es decir, cultura y conocimiento establecido, *dado*, y aquellos sucesos singulares susceptibles de afectar al sujeto sensible hasta desencadenar en él expresión artística. Kant uniformó en el *dato* estas dos especies irreductibles, rebajando de hecho la segunda a la primera y obligándose, al final de la construcción crítica, a recuperar la segunda especie por vía indirecta y dislocada en la *Crítica del juicio*. De hecho erró todo al pensar la subjetividad como acción productora de formas y conceptos que mantenía, por una servidumbre al empirismo (servidumbre que, por lo demás, y frente a las decisiones idealistas, le honra), un resto o residuo de pasividad. De hecho, no trascendió esta dualidad de lo activo y de lo pasivo, del sujeto activo y del sujeto pasivo, dualidad que sólo alcanza su *Aufhebung*, como he ido mostrando, en el sujeto pasional, sujeto que obliga a plantear el problema del conocimiento en términos de *estética trascendental*, pero en ese otro sentido que aquél consagrado por Kant bajo esta advocación.

El error consiste en creer que «cualquier dato» es generador de conocimiento o que «cualquier consciencia» (o para decirlo en forma que no pueda dar lugar a malentendidos, la consciencia en «cualquier situación») puede ser sujeto receptivo de conocimiento. De hecho, sólo empieza a haber conocimiento cuando el sujeto deja de tener trato con *datos*. Dicho de otra manera, es el dato, *lo dado*, lo que impide que se produzca conocimiento. Hay conocimiento cuando, entre lo dado, se desprende una singularidad; hay conocimiento cuando se produce un singular entrecruzamiento entre la cosa y el sujeto receptivo (receptivo pasional, nunca pasivo). Hay conocimiento cuando el sujeto sufre una incisión de la cosa, o cuando ésta es expresada por el sujeto de tal manera que éste alcanza a restituir en ella lo que tiene de insobornable e irreductible, más allá de su aparecer habitual, trillado, establecido y dado. De hecho, no hay ni sujeto ni objeto, sino cosa y cosa, si bien para facilitar el curso verbal o discursivo puede decirse que sujeto y objeto son términos que expresan posiciones de la misma cosa, la cual ora es sujeto y ora es objeto, pero en esencia no es sino algo que hace padecer y algo que padece. Y si aquí hablamos de sujeto es en razón de que el que conoce es, precisamente, el que padece, ese que aquí llamamos sujeto pasional, esa alma que sufre de pronto el intempestivo ataque de esos «sus bellos ojos». Ataque y acción, podría decirse, a pesar del agente, de ahí que no hablemos tanto de «el que hace o actúa» cuanto «del que hace padecer» o del que dispone o hace posible que algo, un otro, padezca o sufra. En el buen entendido que esa acción, cuando merece el término de acción, toda acción y producción en general, remite a su vez a un previo «dejarse padecer». Y bien, llamamos aquí sujeto pasional a «eso o ese que se deja padecer».

Lo que se llaman «protocolos de experiencia» son siempre transcripciones de sucesos singulares que han despertado nuestra atención en razón de su contenido pasional; pero esto suele olvidarlo la filosofía, al menos a la hora de ejemplificar; y en los ejemplos, como dije cierta vez, se revela muchas veces la verdad de una teoría, que quiere ilustrarse en ellos, cuando en verdad se edifica sobre ellos. Pues bien, mal ejemplo es de experiencia, mal protocolo puede ser ese que tantas veces se supone punto de referencia empírico de una epistemología, cuando no de una fenomenología, mal ejemplo es ese de «ahora es de día, ahora es de noche, aquí hay una casa, aquí hay un árbol», por no nombrar el inventario «de ascensor» en que basa su sabiduría la filosofía de este siglo, sobre todo si es oxoniense (enunciados tales como «hace frío», «te espero a la hora de tomar el té», «¿y la familia...?»). Los protocolos deben pensarse jerarquizadamente, según si expresan más o menos valor, entendiendo por valor —y por juicio de valor— intensidad artística. El conocimiento está intrínsecamente vinculado al valor, es de hecho un valor, expresa un valor y se distribuye en «cantidades intensivas» de valor que miden, jerarquizadamente, el mayor o menor conocimiento. No hay conocimiento verdadero o falso, o el criterio discriminador del conocimiento no es dual (la luz y las sombras); hay distribuciones jamás conclusivas de valor, series de conocimientos que se ordenan en conocimientos mayores y menores, siendo el criterio de lo que es mayor o menor la mayor o menor capacidad que tiene una «teoría» de corregir los conocimientos consagrados, los «datos». De hecho, no hay verdad, pero siempre puede haber más verdad, de manera que una teoría es tanto más verdadera cuanto mayor capacidad tiene de probar su temple en la corrección de los enunciados básicos sobre los cuales se levantan otras teorías. Pero en el buen entendido que esos enunciados básicos tienen un soporte pasional, o son la expresión, implícita o explícita, de revelaciones de la cosa a través de mociones pasionales que han llegado a expresión y han originado una reflexión o teoría. La ciencia adquiere, desde esta perspectiva, su estatuto, en tanto posee desde este planteamiento un criterio interno que permite decir dónde hay creación reflexiva y dónde no. El problema de la ciencia es, en realidad, el problema de cómo hacer que la ciencia aumente su poder (eso que hoy se llama «su progreso», si bien de manera bien inadecuada). Eso es tanto como plantear el problema de cómo el saber puede ser creativo, el problema, por tanto, *estético* de la ciencia, *el problema de la ciencia en tanto que arte*, entendiendo por arte toda expresión de la creatividad, y por creatividad, el movimiento que desencadena toda posesión pasional.

El error de muchas epistemologías consiste en concebir un sujeto abstracto de conocimiento, universal y necesario, que al parecer experimenta una no menos abstracta, por universal y necesaria, «experiencia», en la cual parece nivelarse, en pleno esplendor de la noche aquella en que todos los gatos se vuelven pardos, todos y cada uno de los múltiples protocolos de experiencia que son registrados según un orden numeral que excluye toda valoración cualitativa de los mismos. Todo ello en nombre de la objetividad, por cuanto parece ser que se pretende alcanzar «conocimiento objetivo», conocimiento que, de ser alguna cosa, es siempre conocimiento intersubjetivo, lo cual, bien entendido, es aquello inercial que queda o resta en «todos» los sujetos cuando hemos abstraído lo que a cada uno de ellos haya podido afectarles. Más acá y más allá del sujeto abstracto y de su abstracto objeto subyacen los dos únicos términos relevantes para enfocar la cuestión del conocimiento, que es, como vemos, ante y sobre todo una cuestión estética. Esos dos términos son, por lo mismo, los únicos relevantes para enfocar la «cuestión de la praxis», la cual, como enseguida vamos a ver, se constituye en ilegítima imbricación con la cuestión epistemológica, a partir de idénticas premisas reductivas, a saber, a partir de un mismo presupuesto, el de un sujeto *común*, se llame este *Volksgeist* o clase con vocación de universalidad. Esos dos únicos términos relevantes son el sujeto pasional y su correlato «objetivo», por decirlo así, el suceso singular. Lo que hace pasional al sujeto es, como vamos viendo, su compadecimiento, su hacerse uno, en posesión, con el suceso singular. De hecho son dos procesos reales, físicos, que se encuentran, en el sentido spinozista del «encuentro». Son dos líneas físicas que se cruzan, dos series de variaciones que se entre-cruzan, y que en el intersticio producen singularidad, algo irreductible a cuanto los constituye como objetividad, como acervo conocido, como «voluntad»; y que suspenden el juicio dado, el prejuicio, a la vez que la voluntad y sus propósitos. *Eso que entonces pasa* desencadena conocimiento nuevo y praxis nueva, es decir, crea y produce conocimiento y praxis. *Eso que pasa* es lo singular irreductible, constituido en perpetua lucha contra toda previsión supuesta por lo que se llama consciencia común (cuando no interés común o necesidad común). En el seno de ese proceso, que es a la vez dinámico y pasional, puede decirse que se «desprende» conocimiento y acción, en unidad conjuntiva que sólo a posteriori, y por vía de elucidación, puede abstraerse. En lo real se trata de un proceso único de entrecruzamientos y de encuentros en el que están complicados conocimiento y acción, arte y producción, pasión y praxis, síntesis conjuntiva que sólo tiene lugar cuando se logra despegar del obstáculo inercial o resistencia que constituye el sujeto común igual para todos los hombres, de conocimiento, de praxis, de historicidad, llámese sujeto epistemológico, sujeto político, *volonté general* o sujeto económico.

«Sus bellos ojos»: puede afirmarse que el sujeto Isolda, verdadera fuerza interna que alberga, respecto al dato exterior Tristán, propósito de venganza, en cuya raíz hay, si se quiere, un oscuro querer que se manifiesta bajo el ropaje del odio, esa mónada llamada Isolda —y perdone el lector esta bárbara, irónica e histriónica hibridación de terminologías diferentes— entreabre al fin la ventana que según Leibniz mantiene siempre cerrada respecto a cualquier dato exterior, quizá por razón de que una ventolera de la intemperie ha forzado los visillos, dejando que de pronto invada la fortaleza vacía amurallada una bocanada de aire fresco, algo impetuoso pese a sus apacibles apariencias. Pues lo que de esa apertura se capta como revelación iluminadora son «los bellos ojos» del héroe malherido e inconsciente. Ella capta la revelación como sorpresa y sobresalto, haciendo bailar su corazón, afectando de debilidad sus tensos músculos, los que mantienen alzados los dos brazos, descomprimiendo los dos puños apretados en torno al mango del espadón, filtrándose en los dedos de las manos algunas gotas de sudor imprevisible... Ella de pronto observa, ella de pronto se constituye en sujeto receptivo de un «dato empírico». Y lo que advierte de ese dato empírico es de «sus bellos ojos»: lugar de origen de un curso de ideas que tuerce y desvía el anterior, lugar de origen, en general, de una Idea propia (pues todo lo que hace padecer «da que pensar»; de hecho no se *piensa*; en general, no hay *pensamiento en general*, sino cosas, acontecimientos, sucesos que *fuerzan* a pensar). Isolda piensa *y a la vez* actúa, modifica el curso de su reflexión *y a la vez* el curso de su «praxis». Modifica, en efecto, la relación de fuerzas en que se hallaba colocada, fuerzas polarizadas u orientadas por una moción pasional previa correspondiente a una idea previa: simultáneo conocimiento de la identidad de «Tantris» y surgimiento en su alma de esa «pasión triste» llamada odio; correspondiente «decisión» de pensamiento-afecto-acción que queda modificada en razón de la revelación: un afecto nuevo que padece, una apreciación cognoscitiva («sus bellos ojos»), una suspensión del anterior movimiento... Deja caer, por tanto, lentamente los brazos sobre sí, agarra el mango de la espada con la poca fuerza que le queda para no provocar estrépito en la eventual caída de la misma, permanece acaso sumida en pasmo, contemplando, sin quererlo, sin saber por qué absurda e inicua razón, «sus bellos ojos», de manera que el tiempo hace su labor, y con ella los continuos vaivenes del afecto, que asume carácter personificado y alegórico, de manera que, a buen seguro, oye de pronto Isolda voces objetivas que le hablan en lenguajes bien diferentes, Odio le recuerda su compromiso, le muestra estupor ante su extraña conducta, le acusa de cobardía, se chanza de su debilidad de corazón, no en vano Isolda es mujer, y qué podía esperarse de un sexo así, Amor le dice que no puede castigarse así a un hombre con ojos tan hermosos como los suyos, que ese hombre tan odiado por ella se debatió en justo y legítimo combate con el gigante Morold, sin contravenir las reglas de buena caballería, con lo que su odio no era del todo justificado y racional, o era acaso un oscuro querer que no acertaba a manifestarse, Razón le aconseja acaso que no es ella, por mujer, quien deba tomarse la venganza con su mano, ni es bueno dejarse poseer por Odio, aunque tampoco ciegamente por Amor, con lo que bien hará en ponderar la razón de su cambio de propósito...

He aquí, al modo platónico, es decir irónico y mítico, explicado el origen del conocimiento, el «punto de partida» del cual brota en general conocimiento, que sólo en circunstancias singulares como esta descrita, en las cuales *algo sucede o pasa* entre una cosa y otra, alma de Isolda, bellos ojos de Tristán, puede afirmarse que se produce o llega a desencadenarse, lo cual implica y supone moción simultánea de la atención y de la pasión, conectivo despertar del corazón y la cabeza.

Otras formas de fundar el conocimiento son ilegítimas y bastardas, como enseguida vamos a ver.

Refutar el conocimiento singular en razón de que exige, para enunciarse, la universalidad del enunciado lingüístico, tomando como ejemplo la frase «esta hoja de papel», la cual registra, según Hegel, la supuesta realidad singular que sería el correlato cósico del enunciado, es olvidar que «esta hoja de papel» no es a priori protocolo ninguno de experiencia, y mal le iría al empirismo partiendo de oraciones de este cariz (otra cosa es que «esta hoja de papel» sea precisamente aquella en la cual voy a pedir la mano de la mujer de la cual estoy enamorado; otra cosa es la hoja de papel en la cual Judy-Madeleine escribe de pronto, para que el espectador lo sepa, la verdad de sí misma, todavía ignorada por Scottie, en esa genial recreación de Tristán e Isolda, acaso la más bella película de amor que haya producido el cine americano, que es *Vértigo* de Alfred Hitchcock). Acierta Hegel en que esa pretendida singularidad que enuncia la frase «esta hoja de papel» es, de hecho, abstracción y generalidad conceptual, lingüística. Mas ¿qué decir de un enunciado que diga: *Jetzt aber tagts!* (¡Y ahora amanece!, con cierto matiz intraducible que introduce el *aber* [pero]: ¡Ahora en cambio amanece! ¡Pero ahora amanece!), como exclama el poeta en el poema hölderliniano *Wie wenn am Feiertage*, «Como cuando en día de fiesta»...? Esa frase anuncia *lo que hay*, es decir, lo que cuenta, lo que se revela relevante. *Jetzt aber tagts!*, he aquí el verdadero comienzo del saber de la consciencia fenomenológica, he aquí el verdadero comienzo del itinerario de una fenomenología corregida (todo empirismo corregido es, también, fenomenología corregida, fenomenología sin consciencia común, sin «consciencia trascendental»). *Jetzt aber tagts!*, he aquí la verdad de la certeza sensible que pretende alcanzar conocimiento. Hegel falsea su experimento fenomenológico y epistemológico al partir de protocolos de experiencia irreales por irrelevantes, «ahora es de día», «ahora es de noche». Parte de un sujeto sensorial abstracto que enuncia la abstracción *ahora* en conjunción con la abstracción *día* o *noche*: esta facilidad de partida determina la facilidad de la inversión dialéctica, que, de forma bien exigua, capitaliza como resultado. De esa progresión en facilidades se espera obtener, por abstracción de abstracción, lo más concreto y singular. Pero la enunciación *Jetzt aber tagts!* hölderlineana no puede invertirse con la misma facilidad con que se invierte el protocolo elegido por experiencia. Esta elección permite interpretar de forma bien falseada el orden de la sensibilidad, que es realmente lo más abstracto, como acierta a decir Hegel, si, y sólo si, se lo concibe a partir de la consciencia sensible común, de lo que Hegel denomina consciencia en su primera forma de mostrarse. En el enunciado *Jetzt aber tagts!* cada palabra, escueta, económica, con esa concisión arcaizante que habíamos sorprendido en «sus bellos ojos», posee una positividad absoluta y necesaria que impide cualquier operación dialéctica, por razón de que ella es singularidad y diferencia respecto a todo aquello a que puede reducirla la consciencia común, a saber, los enunciados abstractos, por generales, «ahora es de día», enunciados que pueden invertirse, manteniendo la misma abstracción y generalidad, en su contrario, «ahora es de noche». Pero la enunciación hölderlineana no puede ser invertida ni negada, ya que ella es plena determinación sin negación, plena positividad, plena singularidad y diferencia. ¿Qué hubiera sido si Hegel, amigo de Hölderlin, en vez de arrancar de banalidades, en polémica con un no menos vano y vacuo empirismo de lo inefable, en vez de haber adoptado como punto de partida de la consciencia itinerante vaciedades del tipo de «ahora es de día, ahora es de noche, aquí hay una casa, allí hay un árbol», hubiese sabido entender la estética trascendental en términos de auténtica, genuina estética, la cual tiene que ver menos con datos y enunciados y más, en cambio, con sucesos singulares, mociones pasionales y respuestas expresivas en forma de salutación matinal o cántico...? Para ello hubiera debido arrancar del alma preconsciente, objeto de su antropología, en vez de ubicarse de partida en la consciencia común, en la cual todos los gatos son pardos, y sólo quedan o subsisten formas empobrecidas, niveladas, empalidecidas de experiencia, espectros de intensidades, memoria perdida de las cosas, raseros generales de lo que fue sentido y expresado en la particularidad de una dicción poética. De este arranque falseado se resiente toda su filosofía, pero en particular su estética, que hubiera debido generarse a partir de la antropología, allí donde estudia el «alma natural», situándose en el comienzo mismo del itinerario fenomenológico, iluminando e irradiando desde ese comienzo cuantas figuras fenoménicas pudieran encontrarse a posteriori, que serían entonces figuras o formas del sujeto estético, sujeto de cuyas raíces inconscientes y preconscientes hubiera podido brotar o edificarse, en base firme, todo el universo subjetivo, objetivo y absoluto del espíritu, en su aparecer y en su ser, en su mostración como fenómeno y en su revelación como *lógos* y razón del fenómeno, o en la liminar expresión creativa de esa razón o *lógos* como naturaleza, espíritu finito y finalmente espíritu absoluto. Entonces ese reino del espíritu, ese Absoluto, hubiera podido poseer un fundamento y una base verdaderamente fenomenológica y empírica que, del modo como subsiste, constituye una genial orquestación de *empirías* y razones enmarcadas y limitadas por fundamentos plenamente cuestionables.

Un detalle revelador puede explicar el propio punto de partida hegeliano en lo que tiene de ideológico, en lo que tiene de paga del pensador o de tributo al «espíritu del tiempo». Hegel, ese extraño «reaccionario», era ante y sobre todo un hijo de la Revolución francesa y de su espíritu: cada año conmemoraba la toma de la Bastilla. Hegel cruzó, como todos los pensadores hijos de la Revolución francesa y de la ilustración, y en ese cruce se halla todavía hoy la filosofía, el problema epistemológico y el problema político.

La crítica de la «consciencia común» en que se asienta la filosofía kantiana y poskantiana me lleva a preguntar por las razones de fondo de la elección de esa «consciencia» como punto de partida de la filosofía. Las razones que la propia consciencia se da a sí misma, las razones ideológicas, tal como se presentan en el discurso consciente de la filosofía, son conocidas: se elige ese punto de partida porque se quiere esclarecer el problema del conocimiento, es decir, viene a decirse, el problema de la «objetividad» de nuestro conocimiento. Sólo si hallamos un lugar común donde asentar las fuentes de conocimiento, un lugar que valga «para todos los hombres», «para la humanidad en general», será posible plantear la cuestión del conocimiento sin que se filtren particularismos. Los cuales, se viene a decir, deben echarse a la cuenta del sujeto empírico. Pero el sujeto trascendental debe ser perfectamente diferenciado de ese sujeto empírico. Éstas serían, y otras más, las legitimaciones ideológicas que la filosofía asentada en la consciencia común se da a sí misma. Las razones de fondo son otras. Saberlas implica contextualizar históricamente una filosofía que tiene por antecedente remoto la *nuova scienza*, por antecedente próximo la ideología ilustrada, por consecuente la Revolución francesa y por gran despliegue orquestal la ideología implícita —política y social— que, a lo largo de los siglos XIX y XX, prolonga sin cuestionar los lugares comunes, los *tópoi*, forjados en el siglo XVIII. Las razones de fondo son, pues, en parte, políticas. Es a partir de toda la propaganda de los «filósofos» de la ilustración, propaganda que asentó en la consciencia europea la idea incuestionable del Hombre-en-general y de sus inalienables Derechos, que consagró como valores máximos la Libertad y la Igualdad (a lo que hay que añadir también el Progreso), Grandes Palabras Mayúsculas que perdieron el estatuto alegórico que, de forma emblemática, mantuvieron hasta el fin de la cultura barroca, inclusive hasta la Revolución francesa para convertirse en artículos de fe, en objetos de creencia, en sustitutivos de la religión entonces cuestionada, es a partir de todo ello que se consolida, como creencia y prejuicio, la idea-fuerza de esa «consciencia común» que la *nuova scienza* había establecido como premisa de todo conocimiento pretendidamente objetivo.

Se parte de la consciencia común porque, en el fondo, se cruza, consciente o inconscientemente, un proyecto epistemológico y un proyecto político, o porque se adopta como sujeto de conocimiento al sujeto político. Entiendo por sujeto político aquel que se constituye en el siglo XVIII y da lugar, con la Revolución francesa, a lo que modernamente hay que entender por esfera política y por consciencia política: una esfera y una consciencia que sólo a partir de esas fechas alcanza autonomía, logrando emanciparse, primero en el terreno de las ideas y los proyectos, luego en el terreno de las realidades, de otros territorios en los cuales se hallaba, en siglos anteriores, afincada, fueran esos territorios determinados por las leyes oscuras del elemento familiar o por las leyes trascendentes de la religión. Para que haya esfera política y sujeto político ha de constituirse, como sustrato de la misma, la *sociedad civil*, base de lo que modernamente se llegará a llamar *sociedad*, la cual implica el cuestionamiento de la tradicional *comunidad*. El concepto adecuado a esa mutación fue pensado por Rousseau en el término *volonté générale*: un *querer* cuyo objeto es la Generalidad, lo que trasciende cualquier particularismo de casta, familia o estamento, lo que borra las diferencias de cualidad en una unidad y generalidad abstracta que sólo permite diferenciaciones numéricas. Todos los esfuerzos del idealismo alemán, todos los esfuerzos que van, de Kant a Hegel, encaminados a dar una concreción reflexiva a ese concepto —trabajo del pensamiento correlativo al trabajo de la realidad que por las mismas fechas efectuaba, en el terreno de la política real, el pueblo francés— estarán asentados firmemente en las ideas rousseaunianas, de manera que la idea de una consciencia común subsistirá incuestionada, por mucho que se le intente determinar en los conceptos de *Volksgeist*, «espíritu del pueblo» o «espíritu nacional».

La esfera política parece unificar a todos los hombres. De esa unificación se obtiene, como magro resultado, la abstracción Hombre. Y la unificación se produce únicamente en el terreno de la consciencia política, o en general, como diagnosticará Marx con exactitud, en el terreno de la «consciencia». Las ideas, productos de la consciencia, serán para este pensador ideológicas. De hecho la realidad humana quedará escindida entre el sujeto político y el sujeto empírico, aquél como portador de la riqueza de la universalidad y la miseria de la abstracción, y éste como portador de particularismos ocultos a la consciencia, inconscientes, cuya «verdad» obliga a cambiar de esfera, a pensar la esfera política desde la esfera económica. Sólo una investigación anatómica, a través de la economía política, de una economía política convenientemente corregida y criticada, podría permitir, entonces, desfondar la ideología (filosófica, epistemológica, política) acerca de la sociedad civil en su verdadera base, base económica y social. De esa escisión hablan todos los grandes filósofos burgueses, de Rousseau a Schiller, de éste a Hegel. Escisión entre el paseante solitario que sólo huyendo de los hombres alcanza su realización humana, su felicidad, y el sujeto político que empeña o fuerza su voluntad hasta «querer» lo universal y necesario: un orden democrático en el cual se realicen las Ideas de Igualdad y de Libertad. Escisión entre sujeto físico y sujeto moral, o entre el orden de la naturaleza y el orden de la razón práctica. Sólo en el arte parecería encontrarse acaso una mediación, en una utópica restitución de la unidad del hombre escindida en el terreno del juego. Pero el pasaje de la utopía a la realidad obligó a quienes querían pensar el presente, así Hegel, a concebir la conciliación, nuevamente, en la esfera política, a través del estado, y en la esfera filosófica, a través del concepto. Con ello quedó al fin asentada la consciencia común, consolidándose el cruce señalado entre el sujeto político y el sujeto epistemológico. La crítica marxista intentó desfondar el «idealismo» hegeliano, idealismo filosófico a la vez que político, y su consiguiente entronización de estado y filosofía como instancias mediadoras. En esa crítica abrió la herida, derivada de conflictos entre intereses contrapuestos, que el estado mediador hegeliano pretendía cicatrizar, insistiendo en la diferencia allí donde Hegel insistía en la mediación, desenmascarando el intento hegeliano como discurso legitimador de la opresión de una clase social sobre las otras. Marx pensó el presente como lucha a muerte entre clases dominadoras y dominadas, trasplantando al cuerpo social la dialéctica Amo-Esclavo y concibiendo lo humano a partir de sus fundamentos económicos. Desfondó, por tanto, el sujeto político en el sujeto económico, revelando a éste como sujeto de necesidad subyacente al supuesto sujeto libre e igual. En el sujeto sometido a «extrema» necesidad, obligado a vender su propia fuerza de trabajo como única mercancía que le habilitase como sujeto jurídico de intercambio halló Marx, finalmente, un orden *común* restituido, que sólo a través de la lucha económica —que en él podía llegar a ser inmediata o mediatamente también política— podía convertirse en «consciencia común», consciencia de clase, pero de clase con vocación de universalidad, capaz de emancipar a la Humanidad de sus cadenas seculares. Con Marx, por tanto, el mito de la consciencia común alcanzó acentos y matices absolutamente mesiánicos. Y sobre ese mito se edificó de nuevo el sujeto epistemológico. Lukacs llegaría a decir que sólo el proletariado consciente de sí en tanto sujeto de la revolución podía ser, por lo mismo, verdadero sujeto de conocimiento, siendo así que era lo mismo para él ciencia y conciencia de sí; y sólo alcanzaba la Humanidad su propia autoconsciencia en tanto asumía su condición de sujeto de trabajo, autoconsciencia a la que sólo el proletariado, clase con vocación redentora universal, podía tener acceso.

No voy a exponer aquí el modo cómo, en Marx y en sus seguidores, y en general en doctrinas que se inspiran, directa o indirectamente, en algunos principios del marxismo, se plantea la cuestión que aquí estoy tratando, la constitución de un sujeto epistemológico con carácter universal y necesario (común a todos los hombres) a partir de la constitución de un sujeto político (en el caso del marxismo, un sujeto revolucionario). He dicho que el problema que quiere despejarse, en el terreno de la epistemología, mediante esa constitución (según lo enuncia la teoría del conocimiento a nivel de discurso consciente) es el problema de la objetividad. En mi libro *Teoría de las ideologías* traté este tema ampliamente, por lo que me remito a él, especialmente a los capítulos 8, 9 y 10 del mismo. De hecho, el problema en cuestión aparece en el marxismo y en las corrientes que directa o indirectamente se inspiran en él como «problema de las ideologías», siendo ideología la producción de ideas correlativa a una «falsa consciencia», falsedad cuya raíz debe encontrarse en el determinismo particularizante del contenido social y económico que condiciona la posición objetiva misma de la consciencia, y que ésta encubre, invierte y sublima, convirtiendo la particularidad de un interés de clase en la generalidad de un enunciado con pretensión universal y necesaria, es decir, con pretensión legislativa y, en última instancia, ontológica.

La resolución de este problema pasa, en el marxismo, por una reflexión sobre el sujeto de acción, sobre la praxis (y en particular la praxis revolucionaria, la única capaz de cancelar y superar la escisión del cuerpo social en dos bloques en conflicto, en lucha a muerte, y de estatuir un nuevo régimen de ser y de conocer desde el cual pudiese hallarse remedio, mediación, a la escisión y desventura empírica). El proletariado consciente de sí en la lucha armada frente a la clase de los propietarios constituye, entonces, el verdadero sujeto histórico capaz de producir ese vuelco histórico, esa mutación, verdadero paso del Rubicón que, para decirlo nietzscheanamente, «partiría la historia en dos mitades». O para decirlo marxianamente: ese salto cualitativo revolucionario permitiría cancelar la prehistoria de la humanidad y alumbrar su verdadera historia.

En cuanto a ese sujeto de conocimiento, capaz de alcanzar «para sí» el contenido social e histórico que el burgués, o su ideólogo legitimador, es incapaz, por su propia posición de clase, de conscienciar, en cuanto a ese sujeto en el cual la realidad se hace al fin transparente a la consciencia, en el que se ha conseguido superar la opacidad de la consciencia dimanante de la opacidad de lo real, de una realidad engendradora de mistificaciones y fetichismos, ese sujeto de conocimiento es, de facto, sujeto de acción y producción, sujeto de trabajo. En Marx se consuma ese *desiderátum* que en la segunda parte de nuestro trabajo había ido recorriendo: la exégesis del *lógos*, generalmente traducido por Razón, en términos de Acción, la co-implicación del principio racional y del principio de Acción, en línea de continuidad con la filosofía del idealismo alemán. Ese sujeto de acción es pensado, materialistamente, como sujeto de trabajo, como momento subjetivo de la propia naturaleza, momento encarnado en la moderna industria, la cual desvela la «verdad» laboral de lo humano. El hombre es en esencia productor y reproductor de sí mismo y de las condiciones de vida en las cuales nace y crece: sujeto de necesidad que intercambia su sustancia natural con la Naturaleza de la cual procede, mediando entre él y ella a través de la actividad laboral, a través del trabajo. El cual en el capitalismo alcanza, al fin, estatuto universal y abstracto, unificando los particularismos de las condiciones artesanales del trabajo, así como los particularismos familiares y gremiales determinantes del mundo laboral en modos de producción precapitalistas, hasta constituir al fin un Sujeto universal y abstracto de Trabajo Humano Abstracto, cuantificable en razón de su medición a través del Tiempo Humano Abstracto. Lo cual da lugar a un criterio de medición del valor de toda mercancía, pauta que llama Marx el Trabajo Social Medio. Lo que me interesa subrayar de esta concepción, en la que no puedo aquí demorarme (si bien pienso volver otra vez sobre el asunto), es que, de esta forma, Marx crea las condiciones para pensar de nuevo un sujeto universal y necesario más radical, pero formalmente idéntico, a esa consciencia común que sorprendíamos en la «filosofía burguesa». Con Marx alcanzamos el máximo esfuerzo por pensar un Sujeto único, universal y necesario, que «en sí» es la propia Humanidad, el demiurgo de la historia, al cual, siendo la abstracción misma, se le supone la absoluta concreción, un poco al modo de la Idea absoluta hegeliana, a la que Hegel suponía «singular» y «concreta». El giro materialista no es operación suficiente para despejarnos nuestra convicción acerca de un nivel de abstracción que sólo pensando en las diferencias cualitativas, en vez de plantearse en un universal abstracto del que se pretende engendrar un universal concreto, permitiría recuperar el punto de partida de una percepción de lo real que registre éste con el mínimo de supuestos previos o de prejuicios posibles. Y como vamos diciendo, el gran prejuicio convertido en creencia desde el siglo XVIII, reforzado en el XIX, prejuicio que en Marx adquiere estatuto religioso y teológico, engendrando una escatología y una pseudomística, una versión secularizada del mito bíblico de la Razón histórica, ese prejuicio es el de la consciencia común, el prejuicio *político*, prejuicio que en Marx es radicalizado hasta convertirse en el prejuicio de la clase con vocación de universalidad y en el prejuicio *económico*. Comoquiera que la realidad es, las más de las veces, la producción de lo real a partir de ideas que son prejuicios, puede afirmarse que vivimos un mundo «conformado» a lo que en el siglo XIX fue pensado, de manera que «la profecía se ha cumplido a sí misma».

El marxismo, por lo que se ve, alcanza un sujeto enraizado en el ser (material) y en el hacer, con raíces más hondas que el sujeto burgués. Éste, a la luz crítica del marxismo, muestra su carácter ideológico en tanto halla rasero común en la «consciencia», siendo entonces sus ideas producciones de la consciencia. El marxismo desfonda esa consciencia común en el sujeto de necesidades. Pero el problema subsiste idéntico. Ese sujeto es un sujeto de la sociedad y de la historia que, «en sí», es universal, un sujeto cortado por la media general (trabajo social medio que se conceptúa como soporte del proceso económico y social y medida de valor de toda mercancía dentro del modo de producción capitalista).

En todos estos planteamientos se privilegia, por tanto, lo *común*, eso que *en sí* es común (acaso desde el primitivo «comunismo» de nuestros antepasados prehistóricos) y que, a través del trabajo del negativo, a través del trabajo histórico y del proceso dialéctico objetivo de transformación de la naturaleza en industria, puede llegar a ser, como proyecto de futuro, en-y-para-sí. El universal abstracto deviene, así, universal concreto. Lo que todo hombre es como concepto pasa a ser concepto objetivado y realizado. En ese *éschaton* se espera la conciliación liminar de hombre y naturaleza, en la que ésta será al fin cosa adecuada a la esencia humana, en tanto trabajada por el hombre (siendo la esencia de este trabajo). Se privilegia, pues, lo común y, aun cuando no se confiese, lo *cuantitativo*.

En general, puede afirmarse que allí donde se piensa en *conceptos* (instancias generales, con pretensión de universalidad y necesidad, que pretenden subsumir todos los particulares que recubren) allí se privilegia necesariamente lo cuantitativo sobre lo cualitativo: sólo diferencias numéricas distinguen uno de otro los particulares subsumidos en el concepto. Pues el único modo de pensar en conceptos consiste en eliminar las diferencias cualitativas reteniendo tan sólo las diferencias numéricas. Ni que decir tiene que la ciencia moderna se constituye a partir de estas operaciones, en las cuales basa sus «artificios metódicos». Y bien, tanto Hegel como Marx pretenden construir una ciencia, yendo incluso más lejos que la propia ciencia moderna *(nuova scienza)*, a la que reputan formalista.

Se privilegia lo cuantitativo en tanto se abstrae de todas las diferencias de cualidad el rasero común que las iguala, fundándose en esa abstracción un principio de interpretación del mundo que permite cruzar la teoría de la praxis o de la revolución con la teoría del conocimiento. Este planteamiento, el que determina este cruce moderno de epistemología y teoría política, halla en la estética su cruz, que o bien es subsumida como gozne funcional que confiere ligazón estructural al sistema, así en Kant o en Hegel, pero a costa de ser pensada y evaluada desde el concepto, por mucho que se le pretenda en esa esfera «sensible» y «concreto», o bien aparece como lo que no puede ser pensado, como lo que resiste a la teoría, a la ciencia, como lo que constituye un retazo, un cabo suelto, un signo flotante y desprendido, una laguna, dentro de la teoría. Marx, con una lucidez que le honra, o con una honradez que le acredita como maestro pensador (y dicho esto sin ironía), confiesa su perplejidad ante el arte griego, que, reconoce, no puede ser subsumido en el concepto que la teoría permitiría pensarlo, como forma de consciencia a través de la cual se llega a entender a sí misma una sociedad esclavista a punto de constituirse en sociedad política, en democracia. Lo que a Marx preocupa es que siga siendo aún hoy modelo o pauta de toda creación artística, pese a que las *condiciones objetivas* se han modificado sustancialmente.

Marx no hubiera, quizá, encontrado esa antinomia del arte, irresoluble desde su socialismo científico, de haber perseverado en su incoada concepción juvenil del sujeto sensual y pasional, amén que productivo, ese sujeto que comenzó a ser pensado por Feuerbach, en vez de reducirlo, a partir de *La ideología alemana* especialmente, a un concepto de hombre, supuestamente «positivo» y «científico», derivado de la economía política inglesa, el hombre como sujeto de necesidad. Marx, de esta manera, acaso por razón de querer ser lúcido respecto a lo real, un poco en el mismo sentido en que el Hegel de la *Fenomenología* quiso pensar el espíritu, y su juego de amor, en términos de trabajo, eliminó toda su reflexión sobre la sensualidad y sobre el sujeto pasional, iniciada a partir de la lectura de Feuerbach, a beneficio de un concepto que pretendía ser más sobrio, más literal respecto a la realidad, pero que era por lo mismo más reductivo, más tributario de la «ideología» o de la «fábula» que el «espíritu del tiempo» pronunciaba para comprenderse a sí mismo. De esta suerte el sujeto sensual y pasional derivó en sujeto laboral; el sujeto estético, en sujeto económico. De lo cual se resintió su proyecto de «nueva sociedad», la cual, o bien quedó impensada (no era Marx cocinero para dar recetas) o bien era pensada como sociedad de Trabajadores, a modo de gigantesca Industria Pesada transformadora de lo físico. El amor y la pasión quedaban, de este modo, subordinados al trabajo industrial, de manera que el marxista tenía que constituirse de facto en un personaje cuya pasión fuera la industria y el trabajo, pasión que al no ser correspondida por una sociedad dominada por propietarios se convertía obviamente en pasión por la conquista del poder, en pasión por la revocación de la dualidad de dominadores y dominados, de opresores y oprimidos: pasión revolucionaria. Sólo que esa pasión no fue pensada por Marx y permaneció, en toda su construcción, como lo impensado y lo inconsciente de un sistema que, al hacerse mundo, en la Unión Soviética, en China, en Cuba, en Vietnam, no hizo sino mostrar el inexorable «retorno de lo reprimido».

Esa consciencia común que se sitúa en el punto de partida es, pues, igual para todos los hombres, bien democrática por cierto, pero a costa de mostrarse como lo más indiferenciado, aquello que sólo puede distinguirse en términos cuantitativos. Y bien, el punto de partida verdadero no puede ser, en este sentido, político sino estético, o el cruce genuino debe ser entre estética y epistemología y no entre epistemología y teoría política. Dicho de otro modo: la cuestión subyacente es el poder y su entrecruzamiento con la pasión, pero una cosa es pensar en el poder de la pasión, entendiendo el poder como poder propio, otra partir de una pasión por el poder (político, revolucionario) que deja impensada aquélla y que reduce éste a una cuestión de dominio. Y bien, sólo la estética introduce un criterio de diferenciación en el orden del poder por la vía de la cualidad, permitiendo por lo mismo plantear el problema del conocimiento desde sus propias raíces físicas, como potencia de conocer y como conocimiento de una singularidad. Desde un planteamiento así es posible repensar el poder político en términos de *gran política*, más allá de las pequeñas épicas democráticas, fascistas, comunistas y revolucionarias. De momento, en este libro al menos, no podemos trazar el campo de lo que pudiera ser esa gran política, tarea que me propongo realizar con posterioridad a este trabajo, que es, a este respecto, propedéutico. Desde luego son pasionales también las raíces del poder político, si bien éste suele borrar la pulsión o la oscura voluntad que constituye su condición de posibilidad y que determina su genealogía. Sucede un poco como con la ciencia moderna, que se constituye a costa de silenciar el sujeto que en ella habla, la voluntad de saber que la constituye. O como la filosofía kantiana, que porfía por encontrar la raíz del sujeto trascendental, pese a haberse impedido de partida la operación al citar como premisa de la misma la frase de Bacon *de nobis ipsis silemus*. Y bien, también el «político» parece decir, especialmente si es de izquierdas y revolucionario, *de nobis ipsis silemus*, callemos acerca de nosotros mismos porque sólo importa La Cosa, de la que somos producto o reflejo: La Sociedad, La Historia, o cualquiera de esas celebradas entidades (el Partido, la Nación) que se muestran con letras mayúsculas, pero sin el aura de la alegoría.

El punto de partida ha de ser estético, ya que arte es aquello que alcanza a distinguirse, a través de la expresión de una moción pasional, de todas las otras cosas, hasta ser singularidad, sólo que cualitativa y no únicamente de cantidad. Algo es artístico en tanto puede ser concebido «clara y distintamente» —y en consecuencia como Idea (término éste que es, respecto al singular cualitativo, lo que el concepto es respecto a los singulares diferenciados en número)—. Algo es artístico si posee distinción, en el doble sentido de la palabra. En tanto algo es distinguido puede ser concebido y puede nuestra alma formarse una idea acerca de ello. Puede, pues, aumentar su potencia de conocer. Y a la vez su potencia de obrar. Pero ello es posible porque algo distinto y distinguido es sufrido y padecido por el alma, que se ve en la necesidad de corregir ideas conocidas y de torcer rumbos de acción seguidos. Recuérdese el carácter singular y diferenciado de «sus bellos ojos» en el caso de Isolda. Hay, pues, formación de Idea en tanto hay padecimiento, pasión, generadora, por tanto, de acción y conocimiento. Spinoza acierta en pensar la unidad inexorable en el Pensamiento de lo que se tiene por mundo de ideas y mundo de la «voluntad», o en concebir la unidad inexorable de Pensamiento y Acción. Únicamente erró, en su epistemología y en su ontología, en pensar la pasión como lo inadecuado, parcial y amputado respecto a razón y acción, en vez de concebir, en términos de un empirismo más radical que el suyo (Spinoza fue uno de los más grandes empiristas que cuenta la tradición), acción y razón como efectos de la pasión; en vez de concebir, por consiguiente, la *puissance* según aumentos y disminuciones correlativos a las mociones de ascendencia y decadencia de la pasión.

La *distinción*, por tanto, genera conocimiento y acción, mientras que la indistinción, democrática o comunista, sólo genera ideología y praxis sobre-determinada por la ideología. Esa «politización» de la epistemología a costa de la estética se invierte, en el aristocratismo nietzscheano, y en el fascismo sobre todo, en una «politización» de la estética a costa de la razón que mantiene las mismas premisas de lo criticado, sólo que invertidas, creando así un juego de luz y sombras que dibuja el inquietante claroscuro de nuestra consciencia, estética, política y epistemológica, del presente.

Desde el punto de vista epistemológico la expresión «Tristán tiene unos bellos ojos» constituye el empobrecido vaciado de una afección intensa y pasional que revela, ante los ojos atónitos de Isolda, «sus bellos ojos», revelación irreductible a nadie en el mundo que tenga o pueda tener también muy bellos ojos. La genialidad del narrador estriba en sugerir esa singularidad de la revelación, captada como tal por el alma que la percibe, a través del más económico y sencillo de los enunciados, ese que con mayor facilidad pudiera servir para una reducción conceptual abstracta de lo singular intensivo que allí se ofrece a un singular por número reducible a predicaciones generales de orden conceptual. Ahora bien, el relato perdería todo su carácter radical respecto al lenguaje si en vez de explicar el suceso que tuerce y corrige los propósitos de Isolda a través de la referencia a eso que se le revela, «sus bellos ojos», los bellos ojos de Tristán, enunciase la vacía trivialidad en que la frase queda reducida si se conceptúa, para solaz de un abstracto sujeto de conocimiento, como «protocolo de experiencia» que dice abstractamente «Tristán o aquel que tiene unos bonitos ojos». Esas trivialidades aparecen también en el relato, con verdadera intención por parte del narrador, a la hora de enunciar, en términos de emblemática generalidad reconocida por la memoria común, lo que es Isolda, o sea, el Radiante Sol, la mujer de los cabellos rubios como el sol. De ahí el soberbio contraste de una frase que enuncia lo singular con la más emocionante parquedad, diciendo ni más ni menos que lo que Isolda ve en Tristán son «sus bellos ojos».

Esa frase es, para decirlo en otra terminología, expresión de «palabra plena», punto de encuentro de todas las virtualidades del texto, que en una frase así hallan su foco de intensidad o el centro de poder en donde se articulan los hilos dispersos de la narración, lo mismo que la atención flotante y expectante del lector. Pues un enunciado así expresa poder, *puissance*, la cual *puissance* debe entenderse como aquel punto de intensidad cualitativa que logra singularizarse del recorrido extensivo del campo de fuerzas en cuestión (en el caso que estamos considerando, un texto). Puede afirmarse, en general, que un texto (o una composición musical) se organiza en torno a centros de poder, que determinan de forma jerarquizada la arquitectura interna de la obra. Ésta es obra de arte si consigue una conjunción bien modulada entre los centros de poder y las líneas de fuerza que los preparan, predisponen o remansan. En una pieza musical, lo mismo que en un poema, esta consideración resulta fácilmente trasladable, si bien, llevando el análisis hasta donde debe llevarse, podemos extender la misma consideración a cualquier obra artística. Y comoquiera que todo es, virtualmente, artístico (en tanto arte es cuanto puede alcanzar expresión intensa, o la síntesis de pasión y productividad en la expresión), esta consideración posee valor ontológico, de manera que debe entenderse por proceso real o por creación y recreación de realidad la arquitectura implícita en toda cosa, la cual tiene por gozne y por juntura de sus *partes extra partes* esos focos que aquí llamamos los centros neurálgicos del poder, en los cuales el poder se expresa, mostrándose como la verdadera faz de lo que Platón llamaba *óntos ón*, lo realmente real, que no es Idea Separada sino virtualidad real pasada al acto a través de expresión.

Eso que es artístico es, en razón de su misma evidencia, verdadero, siendo verdad ajuste o *adaecuatio* entre la virtualidad y la expresión de la cosa, adecuación que da a la cosa estatuto de singularidad. No es la verdad adecuación cognoscente y cosa conocida, no es la verdad «cuestión del conocimiento», al menos no lo es en el sentido en que suele plantearse esa cuestión que tanta prosperidad tiene en el seno de la tradición filosófica. Verdadero es siempre lo singular, que es por lo mismo también *bonum et pulchrum*, hasta el punto que los llamados «trascendentales» lo son en tanto en ellos se expresa lo que está más allá de cualquier género o categoría, lo que rebasa ese nivel de generalidad que, desde nuestra perspectiva empirista (un empirismo corregido) se disuelve en memoria y hábito. Singular es lo que desnivela los niveles, y lo que llamamos género o categoría es, críticamente concebidos, nivel, promedio. De hecho, el nivel es eso que acaso fue también expresión artística y fue incorporado hasta convertirse en legado cultural y en consciencia común. En cuanto a lo evidente, o a esa evidencia que transmite la expresión artística, puede decirse que se registra menos como algo inesperado y sorprendente y mucho más como «lo que no parece haber podido ser de otra manera», de ahí esa extraña facilidad que sugiere lo artístico, tanto más extraña y mayor cuanto más artística es una obra (piénsese por ejemplo en la música de Mozart). Esa facilidad desencadena el extraño sentimiento de *déjà vu*, como si eso hubiera estado siempre entre nosotros, como si constituyera lo más familiar y habitual de cuanto nos rodea. Esta paradoja matiza dialécticamente nuestras consideraciones sobre la singularidad de la expresión artística, la cual nos desnivela respecto al acervo incorporado de conocimiento y consciencia, para devolvernos, al mismo tiempo, a la cosa misma, que siempre es presentida y barruntada, pero que sólo a través del arte es alumbrada. El haberla barruntado hace que, al percibirla como expresión artística, la resintamos en el registro de lo familiar y de lo *déjà vu*, de ahí que el arte, más que desviarnos de lo habitual, nos lo recrea, o bien alumbra nuestras costumbres, sólo que desde aquellas raíces en donde afincan, que son las raíces mismas del recuerdo.

El arte, en tanto evidencia, tiene la modalidad de lo necesario pero su necesidad es cualitativa, irreductible a la necesidad legal y lógica (de ahí que la obra artística abre un punto de referencia imprescindible en toda reflexión que se mueva en las rígidas dicotomías de la necesidad y del azar o de la ley y la «voluntad de suerte»). Se trata de una necesidad más fuerte e incuestionable que la necesidad legal y lógica, dado que ésta, en cuanto es reductible a memoria y hábito, puede ser siempre corregida por la singularidad, mientras que la necesidad artística brota del poder propio de la cosa singular, o es necesidad porque vincula sin remisión la virtualidad de esa cosa y su expresión. De hecho, la ley es resultado y efecto, por vía de la *mímesis*, generadora de costumbre, y ésta de memoria y hábito, de la expresión artística. Ésta es una interpretación necesaria de la cosa, una perspectiva del mundo a partir o desde la singularísima expresión de una cosa del mundo, una pauta desde la cual podemos ver y medir al mundo. Esa «mónada», por propia irradiación de poder, por ser centro estratégico de poder, desencadena imitación en otras mónadas, entendiendo por imitación toda posesión pasional. El campo de fuerzas que entonces se abre produce un desajuste con la consciencia común, que es cuestionada, que es por lo mismo invitada a una elevación, a un aumento de potencia, previa purificación y destrucción de ideas recibidas, previa corrección de hábitos mentales y corporales. A la larga esa interpretación se impone y predomina. Puede decirse eso cuando pasa a ser acervo común de la memoria y de la experiencia «de todos». En esa filtración sufre, obviamente, naturales recortes de aquellas aristas que la hacían acaso difícilmente digestible. A la larga decanta en fuerza cultural: Platón se vuelve platonismo histórico, Jesucristo termina por ser iglesia cristiana, primero perseguida, luego encumbrada, la tragedia griega pasa a ser regla de las tres unidades, la acción de unos cuantos pioneros o fundadores termina por ser una «nación», la bella fiebre de Tristán el Triste y de Isolda la Rubia termina siendo amor romántico, y finalmente carnaza de toda cultura popular televisiva, fílmica o de todo consultorio sentimental, las ocurrencias geniales terminan siendo cultura, cuando no historia y sociedad, al menos hasta que nuevos *décalages* o entrecruzamientos críticos produzcan, con las revelaciones, nuevas mociones pasionales, nuevas expresiones, nuevas interpretaciones, nuevas leyes, nuevas dominaciones...

Por la noche acamparon en un prado cercano a una floresta. A la mañana siguiente nevó mucho y toda la comarca estaba muy fría. Perceval se levantó de madrugada, como solía, porque quería buscar y encontrar aventura y caballería; y se encaminó al prado, helado y nevado, donde había acampado la hueste del rey.

Pero antes de que llegara a las tiendas volaba una bandada de ocas que la nieve había deslumbrado. Las vio y oyó cómo iban chillando a causa de un halcón que venía acosándolas con gran ímpetu, hasta que encontró a una separada de la bandada, a la que atacó y acometió de tal modo que la derribó en tierra; pero era tan de mañana, que se fue sin querer ensañarse en la presa. La oca había sido herida en el cuello, y derramó tres gotas de sangre que se esparcieron sobre lo blanco, y pareció color natural. La oca no sentía mal ni dolor que la retuviera en tierra, y, antes de que él llegara, ya había reemprendido el vuelo.

Cuando Perceval vio hollada la nieve sobre la cual había descansado la oca, y la sangre que aparecía alrededor, se apoyó en la lanza para contemplar aquella apariencia; pues la sangre y la nieve juntas le rememoran el fresco color de la faz de su amiga, y se ensimisma tanto que se olvida; porque en su rostro lo rojo estaba colocado sobre lo blanco igual que aquellas tres gotas de sangre que aparecían sobre la nieve. Y la contemplación en que estaba sumido le placía tanto porque le parecía que estaba viendo el joven color de la faz de su hermosa amiga.

Perceval se absorbe en la contemplación de las tres gotas, en lo que empleó las primeras horas de la mañana, hasta que de las tiendas salieron escuderos que lo vieron absorto y se creyeron que dormitaba.

CHRÉTIEN DE TROYES, *Perceval*
(Traducción de Martín de Riquer)

Conviene desde ahora deshacer un equívoco que puede producirse en el lector respecto al uso que doy en este *tratado* al término singularidad. El hecho de que contraponga singular a habitual no autoriza a entender, necesariamente, por suceso singular aquello que, por hábito mental no reconocido, o por expectativa cultural, psicológica o social que opera inconscientemente (pero que no es asumida como tal expectativa en el ámbito de la consciencia) damos por considerar «extraordinario, maravilloso, insólito». Precisamente porque presuponemos ese carácter, porque a priori o prejudicativamente concedemos a determinadas situaciones tales rasgos, podemos afirmar con todo derecho que esas situaciones vendrán a ser lo contrario de lo que creemos afirmar. Dicho de otra manera: nuestro juicio o prejuicio inmuniza al objeto sobre el cual recae del carácter mismo al cual atribuimos. Basta, pues, que ocurra en nuestras vidas aquello que, conscientemente o no, se corresponde o se adecua a lo que juzgamos y reputamos extraordinario, para que el objeto que corporeiza ese adjetivo se desmenuce entre nuestras manos y se convierta en polvo evanescente o sea como la pompa de jabón que el niño quiere atrapar y poseer. Cuando sucede lo que inconscientemente queremos que suceda —y no otra cosa es lo que llamamos insólito, maravilloso o milagroso—, la evanescencia real de lo que nos parecía el objeto deseado, la decepción y desazón que ello deja en el ánimo, prueban suficientemente que todo se jugaba en el orden de nuestros deseos y de nuestros prejuicios. Queríamos algo extraordinario que viniera a animar o reanimar la muda monotonía de nuestros días sin interés. Desesperábamos de encontrarlo. Cuando llegó, no supimos verlo, o bien perdió el carácter que tenía en tanto lo fantaseábamos. Madame Bovary esperaba vivir una Aventura similar a cuantas habían impregnado su realidad cotidiana de novela virtual que quería al fin llegar a ser novela encarnada y viviente. Cuando Él llegó resultó demasiado adecuado a la expectativa: Él, el Acontecimiento era precisamente lo que máximamente se esperaba. La realidad correspondiente quedó presa en la mayúscula generalidad a donde se dirigía el deseo de la bella provinciana. Cualquier objeto hubiera podido intercambiarse por aquel que ingresó de pronto en su horizonte cotidiano y habitual. De ahí que Madame Bovary no pudiera serle mucho tiempo fiel, por fidelidad a su costumbre. A la costumbre de querer siempre Lo Extraordinario y Novelesco. La novela es o suele ser el género que escenifica esta desesperada *Quête* del héroe o de la heroína de un objeto que, al hallarse, se desvanece, quedando entonces, como razón narrativa y lógica novelesca, el recorrido, el espesor temporal e histórico de la marcha. De ahí que la novela naciera en el medioevo —configurando el destino posterior del género— a la manera de novela de *Quête*, donde *lo que* importa es menos lo que se busca y mucho más el hecho mismo de buscar, desdoblándose el texto entre una consciencia ingenua cegada por el objeto del deseo y una consciencia novelesca que desvela, sin necesidad de explicitarla, la verdad de ese querer andante, de ese deseo itinerante, verdad que se revela en el propio itinerario, en la andadura. Ya que es ella la que forma, la que transforma, conduciendo al héroe de estación en estación, de singladura en singladura, hasta llevarlo allí donde nunca esperaba, a ejercer acaso de médico en una ciudad provinciana. Esa verdad se revela a veces en el epílogo, a la manera de un póstumo despertar del héroe, que alcanza entonces adecuación con la propia consciencia novelesca de aquel que mueve los hilos mismos de las marionetas, el propio novelista.

Lo que desea encontrar Parsifal es la presencia misma del costado abierto del Señor, la lanza y el cáliz de salvación. Eso Extraordinario es lo que desea. La verdad de ese deseo es acaso proporcional a la imposibilidad práctica del empeño, la cual produce, una y otra vez, idéntica situación, aquella en la cual nosotros como lectores reconocemos a Parsifal como quien es, el caballero que nunca puede permanecer en ninguna de las estaciones de tránsito en donde se encuentra, el caballero que continuamente reemprende el camino a espacio abierto, el obsesivo caballero de la *Quête*, de la busca por el propio placer de buscar, el perpetuo insatisfecho que por arte de magia de su destino itinerante consigue crear una atmósfera fantasmagórica en torno suyo, de manera que cuanto le rodea pierde, ante su presencia, su estabilidad y se convierte en un mundo enrarecido de sombras languidecientes, presencias sonambulescas que, de vez en cuando, se corresponden a los que se suponen ser personas de ese extraño drama, Amfortas o el caballero de la herida siempre abierta, el mágico rey malhechor Klingsor, la irreconocible dama de sus pensamientos. De esa narración queda en la memoria una sucesión de cuadros sin sustancia, espectrales, evanescentes, convertidos en este estatuto por razón del destino mismo del héroe de la obsesiva *Quête*, capaz de robar entidad a cuanto no sea el imposible objeto de su búsqueda.

Pero el Cristo que se busca está enterrado, sepultado. Se abre la inmensa losa, después de años y años de peregrinación cruzada, y lo que se encuentra es un inmenso vacío. Fueron a la busca del cuerpo del Señor, con el fin de corporeizar el objeto de su consciencia mudable y musical, y se encontraron que el sepulcro estaba vacío. Lo mismo le sucedió, al decir del joven Hegel, al romano Pompeyo, fascinado por el misterio de la religión judía, cuando ingresó en el tabernáculo: «se aproximó al corazón del templo, al centro del culto, donde había esperado descubrir la raíz del espíritu nacional, captar, por cierto, en un punto esencial el alma que animaba a este pueblo excepcional, contemplar el ser objeto de su devoción, algo significativo expuesto a su veneración... pudo asombrarse de penetrar en el secreto y también sentirse defraudado en lo que concernía a alguna de sus esperanzas, pues se encontró en un cuarto vacío».

En cuanto a lo que aquí llamamos suceso singular, *eso que pasa* y que obliga a corregir itinerarios y estimativas, eso es lo que no corresponde, lo que no puede responder a ninguna expectativa ni es objeto de ninguna esperanza. Es precisamente lo que se *cruza* en una orientación activa y resuelta del querer, sea este propósito consciente o voluntad inconsciente, y lo desvía de su objeto. No es el Graal que se busca y nunca se encuentra, obligando al caballero a revalidar a cada paso que da aquello que realmente quiere: buscar por el solo placer de buscar, en reflexiva *Quête* que sólo busca buscarse. Lo que se *encuentra*, lo que se *halla*, lo que en verdad constituye al héroe en *trovero*, el auténtico y genuino *hallazgo* es, justamente, aquello que está en el margen mismo del camino, en estado de duermevela, apenas captado un instante por la atención flotante del que camina, y que, por raro azar, produce en su andadura una interrupción o un lapsus, o si se quiere decir así, un acto fallido en la ruta. Es ese punto el centro de atención de la aventura, lo aventurero por naturaleza, el centro de poder que la narración acierta a recrear, el recodo lateral que da sentido al conjunto y que, desde su discreta posición que está en la sombra, ejerce sobre el espacio narrativo un efectivo «poder a distancia». Son acaso las tres gotas de sangre de la oca herida que se destacan en medio de la nieve, evocando en Parsifal «el fresco color de la faz de su amiga», punto muerto de narración y de memoria en el que ambas despiertan o «se producen», forzando a Parsifal a detenerse, a pararse, a interrumpir su obsesivo avanzar hacia ningún sitio, obligándole a pensar, a meditar, a fijar en la mujer de su pensamiento la atención, sumiéndolo en quietud, en meditación, en oración, deteniendo su obcecada huida de sí mismo en voraz carrera a la busca de lo imposible.

Leemos un poema y de pronto un verso «se nos queda». El curso activo y sucesivo de nuestra atención de lectores voraces que devoramos línea tras línea yace de pronto detenido. No es necesariamente lo extraordinario lo que interrumpe nuestros hábitos, sino más bien lo más casero y familiar, lo habitual, lo cotidiano, lo cual, en la obra artística, como señala Xavier Rubert en su análisis del signo estético, parece remontarse hasta sus fuentes. De lo cotidiano extrae su fuerza la novela, al decir de Ortega y Gasset, «en la maravilla de la hora simple y sin leyenda». Conviene por todo ello matizar debidamente el uso que en este tratado hacemos del término extraordinario, insólito, singular. Eso singular no está, pues, más allá de lo que se quiere, no es lo Imposible objeto de cualquier querer (siendo el deseo, como dice Lacan, deseo de un Imposible), sino lo que está más acá, aquende, o por así decirlo, lo que está *en*, sólo que permanece sepultado en la memoria por la fuerza conjunta del olvido primordial y de la *memoria de la voluntad*. De pronto lo habitual se vuelve demasiado luminoso para que no deje de asombrarnos hasta hacernos decir, «pero si es lo que veo cada día y, sin embargo, ¡cómo puede ser que nunca hubiera reparado en ello!». La obra artística acierta a dejarnos ver lo que siempre vemos, pero de tal manera que sólo desde entonces propiamente *vemos*; alcanzamos entonces visión *propia* de lo que antes, creyendo ver, nunca veíamos. Desde ese instante vemos el mundo desde esa visión que comunica la obra de arte, o vemos cuando menos multitud de sensaciones mundanas ordenarse desde y a partir de esa visión, que es por esta razón verdadera y etimológica visión, es decir, Idea, Forma, mirilla desde la cual puede al fin verse al mundo en su verdad. Esa visión actúa como pauta desde donde se ordenan las sensaciones, en jerarquía de poder según su adecuación o inadecuación, que es siempre de grado, respecto a dicho patrón. La obra de arte introduce pautas en el mundo, patrones, Ejemplos. Principios de poder desde los cuales el mundo se jerarquiza, se ordena en un más y un menos, se despliega en cantidades intensivas que se organizan según su cercanía mayor o menor con la pauta real o fáctica que introduce la expresión artística. Pauta siempre interpretable desde pautas superiores, desde poderes todavía más intensos, de ahí que la jerarquía está siempre abierta a una nueva interpretación o expresión capaz de remontar, hasta una cima más elevada, el patrón de belleza alcanzado. Siempre es posible y pensable un lugar más elevado que aquel que hasta ahora puede pasar por patrón, por pauta. En el buen entendido que toda interpretación nueva es re-interpretación de las anteriores, recreación de creaciones, que eran a su vez recreaciones, de manera que cada nueva expresión artística acierta a dar con la razón implícita o explícita de otras expresiones con las cuales se ha fecundado, con las cuales ha compadecido, de cuyos contenidos se ha dejado imbuir y poseer. De ahí que dijera en *Meditación sobre el poder* que «toda revolución en arte convoca siempre los orígenes de aquello mismo que subvierte, sus orígenes creadores. Convocatoria que es interpretación y recreación».

A lo extraordinario y singular que se espera, que inconscientemente espera la inconsciente voluntad, contraponemos, pues, lo extraordinario y singular que, por demasiado esperado, *desespera*, produciendo de pronto, inesperadamente, un hiato en nuestra deambulación por parajes trillados y demasiado conocidos, situándonos en posición descolocada. Lo singular es aquello que nos deja descolocados, precisamente allí donde esperábamos hallar cobijo cotidiano. Emerge en la misma ruta de cada día, pero de tal manera que una leve, levísima modificación del plexo de relaciones que constituyen las cosas de nuestro entorno revela, casi sin propósito, o decididamente por despropósito, la *verdad* de algo que nos rodea, un tañido de campanas que detiene nuestros pasos, una bella transeúnte que acaso hubiéramos amado (que acaso ella sabía también que la hubiéramos amado), la vecina de la escalera reencontrada en la irreal atmósfera pompeyana, donde la fantasía descomprime su objeto hasta mostrarlo como aquello tan trivial de nuestro vecindario que había invadido silenciosamente la atención sin producir apenas, al menos conscientemente, eco en ella. Puede afirmarse que no son Grandes Diferencias las que producen la emergencia de lo singular sino pequeñas y desprevenidas diferencias, esas que tanto amaba Leibniz, el filósofo que acertó a entrever la formación de lo relevante, eso que aquí llamamos suceso, acontecimiento, a través de miríadas graduales de diferencias microscópicas que dan lugar a hechos sin que pueda saberse de qué modo. Como si el despuntar fuese lo más contrario a un salto cualitativo, a un cambio brusco, a eso que nuestra cultura filosófico catastrofista denomina ruptura, *coupure*. Muy al contrario, lo que sucede sería una leve brisa que se añade a las masas de aire en inestable equilibrio, una simple gota que se pasa en la película de agua que eleva el límite del vaso en curvatura apenas perceptible y lo hace levemente rebosar. A veces lo que sucede es el disparo infortunado de un paranoico enfurecido o el inmisericorde desplomamiento de un pequeño comprimido de sustancias físicas con vocación de mostrarse, en alucinante fulguración, a modo de hongo atómico. Eso y no más: un espíritu invisible que se añade, por infiltración inoportuna, en la masa monádica de los espíritus invisibles, un bacilo que seculariza esa visión hasta cobijarse en cualquier zona estratégica, creando desde allí un maléfico centro de poder, sea la zona el intestino, el pulmón o el hígado, en espera paciente a su labor corrosiva y a su expansión a modo de metástasis. Tanto, pues, por la vía de la creación como por la vía de la destrucción, es la pequeña diferencia la que produce acontecimiento o proceso, en la extensa gama que va, del blanco al negro, a través del irisado espectro de la Voluntad. Ésta tiene en el Dolor y en el Tedio su polaridad, su idea límite. En el buen entendido de que Dolor y Tedio, formas extremas con las cuales limita la voluntad, no son instancias constitutivas de ésta, sino horizonte, siendo la realidad voluntaria un amasijo de padecimientos que traman hábitos, o de hábitos que reencuentran su sustento pasional, que sólo en la extremidad pueden pensarse como Dolor o Tedio.

En cuanto al falso singular, el que se espera, aquel del cual no se desespera, eso es siempre el Imposible o la Mayúscula que todo sujeto deseante desea o quiere. Su verdadera faz es el sepulcro vacío, el velo rasgado del templo del tabernáculo tras el cual hay nada, hay la nada: imagen especular del propio sujeto que desea. De hecho, el deseo produce Maravillas, pero en el buen entendido de que las sabe ya de antemano, con lo que su conocimiento es tan sólo reconocimiento, el cual produce a posteriori en el alma el efecto de un desvanecimiento. La Maravilla había sido fantaseada y soñada, era factura del propio sujeto, era proyección de su sustancia, era propiamente *objeto*. No había correlato real de lo querido. Lo que subsiste en entidad del correlato es acaso el leve humedecimiento que deja entre los dedos la pompa de jabón, pompa agigantada hasta adquirir, para el sujeto filosófico, el carácter de un Todo ilusorio, de un Absoluto fantástico, Todo o Absoluto en el cual *se cree*, a través de una fe previa a cualquier declaración de escepticismo y descreimiento. Más honrado parece, entonces, aceptar ese Absoluto subjetivo, investirse de él, abrazarse a él y afirmarlo como positividad plena de entidad, esencia y racionalidad. Pero en el buen entendido que esa suprema objetividad que se postula es la crasa proyección de la subjetividad. Es desde luego objeto, pero éste siempre es objeto para un sujeto, absoluto sintético que dialectiza el par sujeto-objeto.

El sujeto deseante es afectado por el suceso singular y es constituido en sujeto paciente y pasional allí donde alcanza a suspender su voluntad y su deseo, allí donde deja de desear y de querer, cuando se cancela su resuelta voluntad, sea consciente o inconsciente, cuando se obtura el curso de sus fantasías subjetivas a partir o desde una contrafantasía producida por un suceso imprevisto que le afecta. El cual conecta con el curso de la voluntad, pero de modo lateral, en la línea delgada y frágil que limita el área de lo que puede llegar a afectarle y el mundo inconcreto de lo que constituye para él lo arcano. En esa línea del horizonte desfila la procesión de objetos virtuales que harán posible al sujeto padecer, suspendiendo su ánimo resuelto y su voluntad determinada, sumiendo a la subjetividad en estado de pasmo o de quietud, en un quietismo que predisponga a un querer más genuino que el activo, *un querer que es padecer*. Padecer que desprende a posteriori un dejarse hacer al que se llama inadecuadamente acción. En ese horizonte trascendental se constituye la base misma del proceso de conocimiento, pudiéndose afirmar que esa sucesión de objetos virtuales que pueden llegar a afectar, marginalmente, al sujeto pasional también virtual, constituye la genuina «base empírica» sobre la cual puede edificarse una construcción teorética o estética. Es, pues, en los márgenes mismos del conocer donde éste se constituye, en el límite mismo entre lo que se sabe y lo arcano, en ese punto de *flotación* al que en mi libro *Metodología del pensamiento mágico* llamaba, siguiendo a Levi-Strauss, *signo flotante*. En ese punto hunde el conocimiento, y en general arte y filosofía, su comercio, su tráfico con el misterio, misterio que, sin embargo, *está ahí*, para decirlo en términos heideggerianos, a nuestra vista y a la mano, a espera de que encontremos, por entrecruzamiento de cosas que puedan pasarnos, por pasiones, la huella, la pista, el signo o síntoma que nos conduzca hacia la fuente. Desde la cual cuanto nos rodea queda re-encontrado, *recreado*, de manera que el hallazgo estaba ya en nosotros y ante nosotros, al modo de la célebre carta robada de que habla Poe en una extraordinaria narración. Eso es lo más pequeño y minúsculo, lo que nunca autoriza se le nombre con letras enfáticas que sugieren o pueden sugerir Conceptos Científicos, aunque adopten denominaciones paradójicas. No es, pues, lo Ausente ni lo Tachado, sino cualquier cosa en tanto es portadora virtual de esencia o quididad, en tanto es vocacionalmente campo virtual de encuentros pasionales, materia prima de conocimiento posible y de expresión artística también posible.

Eso que fuerza a interrumpir un determinado *tempo* (de vida, de escritura, de lectura, de tráfico) constituye lo singular. De pronto la cadena de causas y efectos que constituye lo que Nietzsche llama «la larga cadena de la memoria de la voluntad» sufre una interrupción. O hasta podría decirse que salta un eslabón en la cadena, con lo que emerge, tras esa memoria voluntaria, una memoria de otra naturaleza, una memoria no querida ni deseada que acaso por esa razón se llama a veces «memoria involuntaria». Se produce entonces una iluminación, un fugitivo relampagueo. Algo desde luego fugitivo, evanescente, como el rayo de luz que, en la narración de Bécquer, infructuosamente se persigue. Queda, sin embargo, un resplandor que produce en el alma consuelo. Puede afirmarse entonces que el tiempo queda suspendido, y con él la «memoria de la voluntad» que lo aguantaba y soportaba. Eso instantáneo y evanescente produce una rotura en la serie casual del tiempo homogéneo llamado tiempo consciente, el *Nacheinander* de la filosofía kantiana. Sugiere otra cosa que tiempo que, a falta de otra palabra, suele llamarse eternidad, siendo como es de hecho lo intempestivo, aquello que intercepta la serie causal sucesiva y fuerza a una detención y a un remansamiento, al modo de la campana oída por el narrador proustiano, al modo de esos desvanes de la Historia que, al decir de Benjamin, en tiempo de peligro, forman ante la memoria una iluminación relampagueante, hundiendo ésta en sus propias raíces inmemoriales, produciendo una desbandada de horarios y segunderos, trayendo a presencia, por un instante, años y años sepultados en las profundidades del río del Olvido. De hecho lo singular es lo que alcanza a abrir la memoria a sus raíces inmemoriales, yendo más allá de la memoria de la voluntad (voluntad que, no se olvide, es inconsciente). Singulares son, pues, «sus bellos ojos», esos que Isolda ve, dentro de sí, a modo de raíces mismas de su propio recuerdo de lo inmemorial; fuera de sí, a modo de presencia evanescente, en correspondencia de interior y de exterior, en estricto paralelismo de Idea y Cuerpo externo, habiéndose dado ambos procesos cita en el encuentro, en el entrecruzamiento singular.

Lo singular abre un campo virtual de respuesta en donde puede producirse lo artístico, que es la expresión de esa afección que el cuerpo externo produce en el ánimo del paciente, o la interpretación (en sentido musical) de esa pasión que des-encadena en el sujeto pasional el encuentro o entrecruzamiento de su olvidada raíz y del objeto hallado y encontrado en el camino, en un *margen* del camino. Pues no se olvide: la cosa misma es marginal, como también lo es la raíz misma de la memoria. Expresión artística es aquella que acierta a interpretar *eso que pasa* por el alma y el cuerpo del paciente, que es emergencia del exterior interno a su interior (eso que llamo aquí raíz inmemorial de la memoria) a la vez que del exterior externo al interior (eso que llamo aquí cuerpo externo). De hecho en el arte se disuelven esas dualidades en una única expresión que se tiene a sí misma por referente o por objeto, de manera que la cosa externa y el «mensaje» o «voz» surgido del fondo del alma inconsciente se constituyen en meros pretextos, en sentido etimológico: pre-textos con los cuales se produce el texto artístico. Éste tiene en la pasión su base empírica, de manera que *algo que pasa* por el alma o el cuerpo del sujeto pasional constituye la materia prima de la obra artística. Trabajar, elaborar la materia prima constituye el proceso mediante el cual se alcanza a «hallar», en una segunda y más perfecta inscripción, la primitiva huella encontrada en el alma y en el cuerpo, de manera que el modelo, o si se quiere decir así, la Idea, alcance, a través de cincelado y cálculo, a través de elaboración y horas de trabajo, su expresión. En la expresión se celebra la adecuación de la Idea consigo misma, adecuación que tiene en la materialización existencial su prueba concluyente, su verificación.

La genuina verificación se produce en la recepción pasional de la expresión en un segundo y tercer sujeto, que en la lectura, en la audición, en la participación o comunión con la obra artística se deja compadecer por los efectos que ésta, por propia fuerza pasional, alcanza a producir, de manera que el proceso llegue a reproducirse.

Puede afirmarse, en general, que, *cuanto pasa* es, ni más ni menos, la trama virtual o el campo potencial de fuerzas pasionales expresadas que producen, entre sí, efectos pasionales, o lo que es lo mismo, sucesos, sucesos relevantes.

Lo que sucede, lo que ocurre, lo que acontece, cuando *de iure* responde a estas expresiones, siempre es encuentro o entrecruzamiento de dos o más líneas de fuerzas o poderes, cuya savia o sustancia la constituye la pasión. Son, pues, múltiples mónadas pasionales que se responden y corresponden a través de acciones a distancia, fecundándose mutuamente, fertilizándose unas a otras, en mutua cura que no excluye la más encarnizada de las violencias. De hecho, Dios mismo es la causa inmanente o metonímica de esta dispersión modal de procesos pasionales que se cruzan y se entrecruzan, hasta formar relaciones, estructuras, hábitos, normativas, leyes, generalidades, que terminan por decantarse en estructuras estables, en macizos pasionales, en amansamiento de pasión, en *cosas*. La pasión cosificada constituye lo residual de la pasión, el efecto desprendido de la causa, *lo real*. A eso se llama hoy principio de realidad. Es lo que *está*. Lo que es-ahí sin ser, lo que existe sin esencia, lo que es como pálido recuerdo de lo que fue o como humilde anticipación de lo que está acaso por venir. El arte es la expresión capaz de redimir las masas pasionales, las pasiones convertidas en cosas, hasta girarlas hacia su propia fuente, al modo como la mayéutica, al decir de Platón, logra desencadenar a los prisioneros hasta girarlos al fondo mismo de la cueva que está a sus espaldas, mostrándoles entonces el punto de fuga por el cual se infiltran rayos de luz.

Arte es cuanto hunde nuestra memoria de la voluntad, surgida como contrarrestación a la fuerza fluvial del Olvido que nos posee al nacer, en las aguas primigenias de lo inmemorial. Si logramos atravesar a nado o remontar el curso fluvial, llegamos a la estación donde habita, en cuevas solitarias y solemnes, la matriz misma primordial que hace y deshace los hilos de nuestra vida. En cuanto a las Madres terribles de que habla Goethe, son ni más ni menos el principio mismo de toda inspiración y concepción, las depositarias de los tesoros que, de manera fugaz y evanescente, recibe el alma a modo de bienes que le vienen de lo alto, constituyéndola en sujeto femenino y receptivo. La receptividad es pasional, nunca pasiva. En cuanto al don, eso es el dato, la *base empírica* del proceso artístico, que a posteriori logra determinarse a través de trabajo en la expresión de los dones (las Ideas) se convierten entonces en operaciones y acciones, en materializaciones expresivas y artísticas.

Por Dios entiendo la causa inmanente de la pululación de padecimientos pasionales que producen, por amasamiento, mallas de hábito y de costumbre y, como efecto de esa labor de la lanzadera que es la memoria común, realidades, cosas. Dios es, pues, *todo*, totalidad de procesos pasionales. Oponerse a él es caer en la red del Deseo, que en su verdad es siempre negativo, a diferencia de la pasión. No es contra *todo* sino desde él y en él desde donde pensamos y sentimos, respiramos, hablamos y disfrutamos. Lo que nos oprime no es *todo* sino nuestra suposición de El Todo. Luchar contra una suposición es luchar contra nosotros mismos en tanto somos sujetos deseantes. De ahí que esa lucha infructuosa, estéril, imposible, asuma el carácter de una *confrontación*. De hecho no se trata tanto de luchar o de confrontarse con un Todo que es en verdad la Nada misma de nuestra subjetividad, cuanto dejarnos hacer y padecer por cuanto, en la malla de eso que llamamos nuestra realidad y nuestro entorno, es capaz de despertarnos de nuestro adormecido pulular por el mundo de lo diario y cotidiano, estar a la escucha de cuantas cosas podemos encontrarnos cada día, sin esperanza ninguna en nada Extraordinario, llámase Revolución Universal o Acracia Arcádica. Una vez hemos desesperado de Todo, podemos ser sensibles a *cualquier cosa* que viene a nuestro encuentro, acaso en el paseo hebdomadario de todos los domingos, ya que el mensajero es a veces un individuo enmascarado, un salchichero, un recaudador, bajo cuya máscara burguesa se esconde ni más ni menos la figura kierkegaardiana del «caballero de la fe». Entonces *todo* es, en pertinaz minúscula, campo virtual de encuentro y de pasión, perdiendo en grandilocuencia lo que gana en sobria autenticidad, en realidad y en verdad; sólo que la filosofía, desde el triunfo de las letras mayúsculas con la Ilustración, y con su consagración romántica en Hegel, ha perdido la verdadera «ternura común por las cosas», tomando entonces por objeto de reflexión por *factum primum*, ni más ni menos que lo Universal mismo, el Todo, cuando de hecho es la singularidad que se padece, el *Jetzt aber tagts!* lo que desencadena filosofía y *da que pensar*, siendo entonces dios el *deus absconditus* que metonímicamente deducimos de cuanto nos pasa y se nos muestra en singularizaciones artísticas, en expresiones y en pautas singulares, que son astillas o chiribitas de la sustancia divina, la cual es corazón universal partido, corazón dividido y vivo (y no Razón ni Estado), sustancia incandescente *in statu nascendi* que se expresa en forma modal en partículas desprendidas, las cuales *somos* en tanto nos aproximamos a la fuente, en tanto remontamos el camino hacia la fuente. Pero como dice Hölderlin, *Mancher trägt Scheue, an die Quelle zu gehn*.

Todo deseo es deseo de un imposible y cuanto deseamos lo deseamos acaso porque lo desea Otro, al cual mimetizamos, según expresa con gran precisión y penetración René Girard en su libro *Mensonge romantique et vérité romanesque*. El deseo tiene por objeto una ilusión, cree que la estructura objetiva del deseo conjuga únicamente dos términos en relación, el sujeto deseante y su objeto, cuando en verdad hay siempre en juego un tercero en discordia, el mediador, mediador externo o interno, que proporciona al sujeto deseante sus objetos, constituyéndolos en *valores* y haciendo que éstos sean precisamente estimables, deseables. Todo deseo parte, pues, de una triangulación esencial que en todo romance descubrimos. ¿Cómo pensar Tristán e Isolda sin referencia a todos esos terceros que juegan en la narración, el rey Market, Isolda madre, por no hablar del gigante Morold o del dragón...? Si Monsieur Renan quiere un preceptor para sus hijos es en virtud de que supone que eso mismo quiere aquel que constituye la pauta interna de su propio deseo, el mediador, Monsieur Valenod, de la cual confusión se aprovecha astutamente el tutor de Julien Sorel. En el orden de la mediación externa el mediador es trascendente y vertical, sin que el sujeto pueda encontrarlo en el camino; es Amadís para Don Quijote, o es en realidad el Libro que el hidalgo manchego puntualmente mimetiza. En el orden posrevolucionario, en un mundo de «igualdad de oportunidades», el mediador es interno, es un otro que podría ser Uno Mismo y que acaso procede del mismo humilde origen que el imitador, así Napoleón para Julien Sorel o el *côté de Germantes* para Madame Verdurin. Cuanto más próximo es el mediador, mayor tendencia existe a magnificarlo y deificarlo, a la vez que a negarlo y convertirlo en Lo Demoníaco, a la luz de lo cual puede entenderse el mundo *social* profanizado en donde el Otro y el Mismo sólo se encuentran, como en Hegel, en la lucha a muerte por el reconocimiento especular. Todo lo cual lleva a Girard, que aquí he resumido, a la idea de que todo deseo es vanidad, o que el amor-pasión es en sustancia deseo, *amor-vanidad*. Pero nada nos dice Girard de Madame Renan y poco, muy poco ahonda en la leyenda de Tristán, dejando su obra cierta sensación de que, siendo verdad cuanto nos dice respecto al sujeto deseante, es falso extrapolar su veredicto al sujeto pasional. En este tratado intentamos diferenciar nítidamente ambas esferas de la subjetividad, la deseante y la pasional, evitando su confusión injustificada, que siempre redunda en un precipitado juicio, filosófico o poético, sobre el *amor-pasión*. Girard juzga la pasión, reducida por él a deseo, desde el tribunal de la Verdad, de una Lucidez liminar en la que la mentira romántica que cautiva al héroe novelesco, preso en las redes del deseo, queda desfondada en la verdad de la revelación postrera, en la cual Don Quijote vuelve a ser Alonso Quijano el Bueno y el sujeto esnob alcanza a ser el novelista que reencuentra la memoria perdida de las cosas en *Le temps retrouvé*. Ahora bien, Girard no cae en la cuenta de que el novelista no escribe por amor a la verdad, por voluntad de verdad, sino por amor a su propia vida, incluso a aquella que era error y extravío, a la cual suele conceder mucho más crédito que a sus revelaciones liminares lúcidas, de manera que a buen seguro preferiría cualquier ceguera pasional vivida a esa supuesta iluminación postrera más allá de cualquier pasión. Pero de hecho lo que desencadena la creación novelesca es una segunda gran pasión, superior si cabe a la primera, consistente en *recrear* cuanto ha vivido, real o imaginariamente, el novelista, en esa segunda vida sobre el papel que es la escritura, poema o narración, suprema afirmación artística de la vida. El móvil no es, pues, amor a la verdad, sino amor a la pasión. Siendo entonces la verdad el efecto o la consecuencia de esa pasión y de ese amor. Para querer salvar acaso, en lógica jansenista, un Dios purificado de toda idolatría, siendo el Deseo productor de ídolos, *idola tribus*, *idola fori*, ideologías, René Girard ha confundido, a río revuelto, deseo y pasión, o ha pensado a Dios como un Dios que no padece, y al creador como un sujeto teorético que sólo liminar o letalmente alcanza su justificación vital en la lucidez.

De hecho, urge volver a los materiales sobre los cuales basa su análisis Girard y percatarse de sus olvidos significativos, singulares. En *Rojo y negro* se echa de ver, por ejemplo, cómo el analista pasa por alto el enamoramiento de Madame Renan y el proceso anímico a que da lugar, siendo como es el paradigma mismo de un proceso de *amor-pasión*, en lo que éste tiene de padecimiento. Pues Madame Renan, un poco a la misma manera que Isolda ante Tristán, tiene ciertas ideas consolidadas acerca del preceptor que ha de venir, tiene ciertos afectos acordes a esas ideas, lo piensa en unos términos generales que se corresponden con el concepto consagrado de Preceptor, concepto que deja en el ánimo de Madame Renan una insoportable desazón, presuponiendo incluso un físico y un modo de ser o un carácter que es la generalización, por hábito, de todas las experiencias conocidas que responden al término Preceptor. Y bien, de pronto alguien llama a la puerta, y Madame Renan se encuentra con un joven pálido, delgado, frágil, que esconde bajo los ojos tímidos y oscuros unas perceptibles ojeras. Madame Renan queda *descolocada*, su resuelta voluntad —que había ideado una actitud, un comportamiento en correspondencia al estereotipo— queda entonces suspendida, el ánimo queda ahogado, el corazón sobresaltado, y algo ocurre, algo le ocurre, algo se le produce desde ese instante de lo cual, sólo a posteriori, muy a posteriori, llegará a tomar consciencia. Cuanto puede decir Girard relativo a la triangulación que está en la base del deseo es, pues, verdad, sólo que Madame Renan es, desde ese instante, algo más o algo distinto que sujeto deseante, es sujeto de pasión. Y lo mismo puede decirse de Isolda desde el instante en que se revela la imagen que corrige todas sus expectativas, los «bellos ojos» del herido caballero.

Que otros se lamenten de que los tiempos son malos; yo me quejo de su mediocridad, puesto que ya no se tienen pasiones. Las ideas de los hombres son sutiles y frágiles como encajes, y ellos mismos son tan dignos de lástima como las muchachas que manejan el bolillo. Los pensamientos de su corazón son demasiado mezquinos para que se les dé la categoría de pecaminosos. Quizá tales pensamientos en un gusano constituyeran un pecado, pero no en un hombre hecho a imagen y semejanza de Dios. Sus placeres son circunspectos e indolentes; sus pasiones, adormiladas. Estos mercedarios cumplen sus obligaciones, pero se permiten, como los judíos, achicar un poquito la moneda. Y hasta piensan que aunque Dios lleva una contabilidad muy ordenada, no tendrá mayores consecuencias el haberse burlado un poco de Él. ¡Que la vergüenza caiga sobre ellos! Por eso mi alma se vuelve siempre al Viejo Testamento y a Shakespeare. Aquí se siente en todo caso la impresión de que son hombres los que hablan, aquí se odia y se ama de veras, se mata al enemigo y se maldice a su descendencia por todas las generaciones; aquí se peca.

Kierkegaard,
Diapsálmata

A lo largo de este ensayo he procurado dejar que el término pasión fuera adquiriendo sentido y significación a través de su uso, evitando así una definición precipitada que fijara de una vez por todas el sentido múltiple que la idea de pasión articula y dispara. El avance mismo de la reflexión (de la escritura) ha permitido, en virtud de esta deliberación por dejar flotante la idea, abrir el término pasión a caminos asociativos y recorridos múltiples sugeridos por la conjugación del verbo del cual el término pasión es sustantivo o por aquellos términos con los que pasión mantiene congénitas relaciones de parentesco. Esta metodología es, por mi parte, consciente y voluntaria, en tanto a través de ella puede llegarse a la idea de la cosa que una palabra expresa, evitando el cierre conceptual del territorio en virtud de una prematura decisión de la razón que impida a ésta la plena permeabilidad respecto a la realidad. A mi modo de entender la razón —que no dejo de reivindicar en este escrito— es, en su verdad o en su esencia, razón paciente o sufriente. Sólo que en la tradición se ha menoscabado el entendimiento paciente en favor del entendimiento agente. Alcanzar un concepto de razón en el que ésta quede edificada a partir de esos genuinos «protocolos de experiencia» que aquí llamamos mociones pasionales sería tema que excede este tratado, en el cual se pretende sugerir ese concepto en su ejercicio. De esa consecución depende el rescate de una idea de razón que rompa el desesperanzado dilema entre Razón Formal Especulativa (con sus variantes conocidas, razón analítica y razón dialéctica) e irracionalismo.

Conviene, pues, una vez *usado* el término pasión en las ciento y pico páginas que preceden, aventurar una definición provisional de la pasión, atendiendo a los caracteres intrínsecos de la misma. Se trata de alcanzar una definición positiva del término, a la cual puede llegarse por aquellas expresiones, ya señaladas, que sugieren, en el propio lenguaje corriente, dicha positividad, expresiones tales como «pasión por el juego, pasión por la música, pasión por el poder, amor-pasión, etcétera». Hasta ahora hemos atendido más a la significación negativa del término, negatividad que hemos intentado explicar por razón del recubrimiento ideológico del sentido positivo de pasión por filosofemas derivados de las teologías, epistemologías y éticas de la acción. Se trata, pues, de pensar positivamente la pasión y en lo posible acceder a una definición propia y adecuada a la misma.

Vamos a proceder, en consecuencia, al modo de los entrañables mancebos atenienses con que Sócrates se cruzaba y a los que interrogaba acerca de la naturaleza de la virtud, del bien, de la justicia, de la piedad, de la belleza. Pues la pregunta por la pasión debe plantearse también aquí al socrático modo, con el fin de que lleguemos a apercibirnos, a través de una visión interior o de una iluminación del alma, del *eidos* o de la idea que la palabra común recubre, la cual, en virtud de esa luminaria, quedará rescatada de su existencia umbría, tribal y comunitaria hasta ser palabra singular, palabra plena. ¿Y cómo no iba a serlo la pasión, si ella es, en su contenido semejante a la hoguera misma que, desde nuestras espaldas, produce resplandor en el recinto corporal y social que nos constituye, proyectando sobre nuestros ojos asombrados un sinfín de sombras sucesivas languidecientes que asumimos por la misma realidad? ¿O no es la pasión lo más parecido a una fogata que desde dentro de nosotros mismos inflama nuestras vísceras, intoxicándolas de placer y de sufrimientos, conduciendo nuestros músculos y nuestros nervios allí donde Ella y sólo Ella pretende y quiere, hasta hacer de nuestro *ego* un simple juguete o títere que boga vanamente contra viento y tempestades? Mas ¿cómo podremos alcanzar alguna luz en esa situación embarazosa?

Diremos, a este respecto, en plena emulación de los efebos socráticos, que por pasión entendemos muchas, muchísimas cosas, tantas como pasiones hay en el zoológico humano en particular (por no hablar de las pasiones de dioses, de semidioses o de demonios y arcángeles). Y aun a riesgo de dar pábulo a que Sócrates ejerza su ironía punzante sobre nosotros, o anticipándonos incluso a ella, abriremos la caja de Pandora de nuestros pecados, de manera que salgan de ella, una tras otra, en cuadros vivaces y fugitivos, cuantas representaciones o escenas de la pasión podamos imaginar. Asimismo, en ese pequeño teatro de cartón, podremos acaso ver cuántos protagonistas de la pasión nos puedan parecer relevantes. Diremos, en consecuencia, que pasión es la ambición y el afán de lucro, que lo es también —y muy terrible— la envidia, los celos, el deseo de venganza, que lo es desde luego la pasión por el poder, la pasión amorosa, el amor obcecado y autodestructivo por un solo hombre o por una sola mujer, el amor igualmente obcecado y autodestructivo por todos los hombres o por todas las mujeres, o por la Mujer como abstracción sensual, o la pasión por el juego, por el arte, por la música, más cuantas enfermedades tóxicas del alma podamos suponer con nombre de psicología de los afectos o de psicopatología profunda. En general, cuantos vicios podamos imaginar, ya que entre la pasión y el vicio hay escasa diferencia, por mucho que la casuística se permita al respecto embarazosos distingos. Aunque también es virtud la pasión, la virtud misma, la virtud propia, el poder propio que a cada uno constituye, siendo eso que aquí llamamos «cada uno» el resultado y el efecto del oscuro trabajo de la pasión. ¿O no es virtud etimológicamente *virtus*, poder o fuerza? Sentido etimológico que sólo en el renacimiento recobró su firme significación, quedando tradicionalmente recubierta por la significación hipocrático-aristotélica según la cual virtud es justo medio y adecuada, armoniosa, acorde combinación de elementos, donde importa que ninguno de ellos predomine en unilateral exceso. Pero ¿no es siempre excesiva la pasión, aquella Pasión Dominante que constituye a un sujeto como lo que es, como tal sujeto, como tal protagonista de la pasión, llámese Tristán, Don Juan o Lady Macbeth? Con lo que podemos ya vaticinar una primera determinación de la pasión, su naturaleza excesiva, su sistemática negación del principio apolíneo oracular que enuncia «nada con exceso»...

Mal método es este de los mancebos atenienses; cuanto más extensas son las enumeraciones, menor concentración alcanzamos en nuestra propia alma, de manera que nuestra idea de pasión se nos diluye y dispersa, se nos vuelve fugitiva o ameboide. La caja de Pandora muestra ante nuestros ojos atónitos cuadros y más cuadros de la pasión, así como también retablos y más retablos con verdaderas figuras de la pasión. Nos muestra a Otelo, a Yago y a Desdémona representando el drama de los celos, de la intriga, de la envidia; nos muestra a Lord y a Lady Macbeth interpretando el drama de la pasión por el poder, a Julio César o la ambición, a Hamlet o la obsesiva duda convertida en pasión, pasión por el signo de interrogación, pasión por la negación de cualquier pasión, pasión volcada contra sí misma. Nos muestra también a *Don Giovanni*, o la pasión por lo femenino en su quintaesenciada abstracción sensible y sensual, héroe de la pasión por la acción, pariente en esto a Fausto, pasión por la resolución de todos los deseos que brotan de su corazón, perpetuamente enamorado de *la* mujer, perpetuamente en fuga de todas las mujeres: pasión por la mujer en su expresión cuantitativa. Nos muestra, por último, a Tristán e Isolda, aquellas figuras de las que *Don Giovanni* constituye la estricta inversión estructural. Pasión por la fidelidad a toda prueba, frente a pasión gozosamente afirmada en la infidelidad también a toda prueba, pasión por un hombre, un único hombre y por una mujer, una sola mujer, frente a pasión por todas las mujeres. Pasión del eterno amante siempre insatisfecho frente a pasión del eterno amado igualmente insatisfecho; pasión por la pasión, en lo que tiene de padecimiento y sufrimiento, frente a pasión por la acción —*hic Rhodus, hic salta*— en lo que tiene de gozosa afirmación festiva y de rápida resolución ejecutiva, pasión que se consuma en la larga y languideciente noche de amor, tras larga, larguísima espera, preludio, preparativo, frente a pasión instantánea, inmediata, que se produce en forma de sorpresa, de violación; pasión que es siempre interrumpida por obstáculos exteriores, frente a pasión que es cortada de raíz por resolución de fuga, y deserción; pasión escondida que se produce en cuevas de amor y en espacios nocturnos; pasión que se produce a plena luz, en fiestas y casamientos, en la orilla del mar o en ambientes cortesanos... Ambos, Tristán-Isolda y *Don Giovanni* se ven en la necesidad de huir de la pasión para reencontrarse con ella a la vuelta de la esquina; pero Tristán vuelve a encontrar, tras el obstáculo, de nuevo a Isolda, mientras Don Juan persigue de nuevo, en el lance siguiente, la eterna mujer que siempre le rehúye. Ambos hallan en la muerte la verdadera consumación de la pasión: muerte celeste de Tristán e Isolda que ascienden a modo de dos llamas (de sus tumbas nacerán dos tallos de enredadera entrelazados que suben hacia el cielo); muerte infernal de *Don Giovanni* en medio del banquete, en manos del Convidado de Piedra.

Hay, pues, muchas pasiones, o la pasión se dice y se manifiesta de muchas, muchísimas maneras. Tantas, que el sentido mismo de lo que menta el término singular pasión se nos ha evadido una vez más.

Y, sin embargo, algo en claro resulta de lo dicho respecto a Tristán e Isolda y su pertinente sombra *Don Giovanni*, a saber, que la pasión *insiste*, de manera que una y otra vez huye de sí, se obstruye, se resiste, para de nuevo aparecer y reaparecer. Dicho de otra manera, la pasión se nos muestra como la dialéctica sin fin de insistencias y resistencias, de presencias y ausencias, de encuentros y desencuentros, a través de lo cual puede decirse que la pasión es, en su esencia misma, algo repetitivo, recurrente, o que se nos muestra en sucesivas repeticiones de sí misma.

Impremeditadamente, en puro vicio por enumeraciones plurales de pasión y en deleitosa recreación de cuadros y figuras pasionales, henos aquí de pronto con una determinación intrínseca de la pasión: pasión es algo que insiste, en sucesivas repeticiones de sí misma, por sobre los obstáculos y resistencias con que se encuentra. Obstáculos y resistencias que acaso ella se da a sí misma, a modo de duda, a modo de vacilación, a modo de postergación, abriéndose un crédito, una fianza, de manera que se asegura de esta suerte su perpetua reaparición, al menos hasta el instante de la cita definitiva con la muerte. Hasta ese momento la pasión puede decir, en boca del

Tenorio, «cuán largo me lo fiáis», pudiéndose afirmar que la pasión es letra todavía no vencida que difiere cuanto puede su propio vencimiento. Es, pues, excesiva la pasión, la pasión dominante que constituye al sujeto pasional, pero ese exceso es perpetuamente resistido, de manera que el sujeto pasional es, en su estructura misma, carga y contra-carga, embestida y repulsión, juego de violencia y contraviolencia que ejerce la pasión consigo misma, la cual funda a la vez su explosión y su expiación, o es ella responsable de la marcha que se da y de la contramarcha con que se resiste. Ese juego dual, dialéctico, halla en la cita última su síntesis y su consumación. La pasión es, por tanto, algo que continuamente se crea y se recrea, como se crea y se recrea *Don Giovanni* en cada nuevo lance, da igual que se produzca con princesa o con villana, con piamontesa o sevillana, con morena o con pelirroja, con veterana o con joven principiante. Pero asimismo la pasión se destruye y autodestruye cada vez: vemos a *Don Giovanni* perpetuamente huyendo, burlando la presencia de Doña Elvira, embozándose de Leporello para consumar la falsificación, obligando al escenógrafo a presentar siempre dobles puertas por donde pueda puntualmente darse a la fuga el héroe. Sólo en la cita última ambos momentos, creación y destrucción, se dan la mano: Don Juan, el eterno creador y recreador de festejos y de danzas, estrecha la mano del Comendador, su doble, su otro yo, su Mediador, presencia misma de la destrucción y de la muerte. En ese instante en que el Comendador le ofrece la mano a *Don Giovanni* prueba éste el temple de su pasión, evidenciando cuanto había en ella de absoluto riesgo. Porque la pasión puede determinarse, también, como aquello que compromete intrínseca y nuclearmente al sujeto, de manera que en la alternativa última y definitiva entre afirmarse a sí mismo en su propia pasión o arrepentirse y reformarse, el sujeto pasional muestra su calidad de héroe en preferir la pasión a la vida, o en probar la pasión con la entrega de la vida. La muerte, pues, constituye la instancia selectiva de la intensidad de la pasión: permite discriminar la gran pasión de aquella que no accede a tal nombre. La muerte es la resolución misma de la pasión, el horizonte trascendental que la constituye. Toda verdadera pasión es, por tanto, pasión hasta la muerte, pasión probada por la muerte. Quien a la pasión se entrega, se entrega también a la muerte. De ahí que en el instante mismo en que *Don Giovanni*, en plena lógica *giocosa* de su papel, pide a Leporello que prepare un nuevo servicio para el convidado de piedra, el *drama giocoso* muestra su esencia y su verdad, su esencia trágica. La pasión, por tanto, es algo que compromete al sujeto a riesgo de su propia vida, está en jerarquía superior respecto a la vida y trama relación intrínseca con la muerte. En la pasión ésta es vencida a través de su aparente victoria: el sujeto pasional se afirma en la pasión en la muerte y a pesar de la muerte; de ahí que no pueda arrepentirse.

Porque nada niega más esencialmente la naturaleza del sujeto pasional que el arrepentimiento. La pasión no puede reformarse. O en el instante en que se reforma se desvirtúa, pierde su intrínseca virtud y fuerza. No podemos imaginar a Don Juan arrepentido, o esa imagen deteriora la grandeza del héroe trágico hasta trocarlo en una figura patética. La sola idea de Tristán e Isolda bien casados, fundando una fecunda estirpe, rodeados de hijos, viviendo en feliz consorcio, produce repugnancia poética... Los trágicos de todas las edades saben demasiado bien la importancia del final de una historia pasional; por lo mismo, propenden en ocasiones a velar la consecución lógica del drama mediante el expediente astuto e inteligente de un doble final o de un final lógico y otro popular y demagógico. Alfred Hitchcock, en nuestra época, ha apurado todas las posibilidades del «doble final» con vistas a revertir en el espectador el mismo proceso pasional visionado en el filme, a partir de la comprobada intensidad en la identificación que se produce en una película, sobre todo si su trama es policíaca. Y, sin embargo, en su obra más genial, deja al protagonista literalmente colgado al borde mismo de su pasión, en contemplación aterradora del espacio vacío en el cual ha precipitado lo que era producción de su alma apasionada. La pasión se juega al borde del precipicio y tiene bajo sus pies el abismo inagotable. De esa fuente espeluznante brota, en pleno vértigo de anticipaciones, camuflajes, reencarnaciones y regresiones, el objeto mismo del anhelo, que en la película de Hitchcock asume la forma de una mujer que nunca es Ella Misma. Curarse de la pasión —y del consiguiente vértigo— es, por tanto, enfrentarse al espacio vacío. Espacio de libertad, si se quiere llamar así. Llamo en este contexto libertad a la inmolación de la propia *vida* pasional a la

Pasión: se produce a través del crimen o de la muerte. *Don Giovanni* alcanza libertad en el instante en que asume su pasión plenamente y da la mano al Comendador; da la mano a la Muerte justiciera. El detective de la película de Hitchcock alcanza libertad cuando conduce a la mujer amada hasta arriba de la fatídica torre del monasterio, lugar del crimen, lugar de la escena primordial que el enfermo de vértigo quiere reencontrar para curarse. Quien quiere ganar su alma la perderá, quien se arriesga a perderla la ganará: tal podría ser el lema general de la dialéctica de la pasión. Sólo que la ganancia debe contarse siempre en moneda trágica.

Don Giovanni, el libertino, el disoluto el *sceleratto*, cuyo grito de guerra es «viva la música, viva el buen vino, viva la danza, vivan las mujeres», cuyo lema vital es *io me voglio divertir*, podría ser quizá, por la insistencia obsesiva de todos estos rasgos, prototipo de alma pasional. Toda la ópera de Mozart es un inmenso paso de danza que progresivamente se precipita hacia el abismo. Paso de gigante con voz de bajo al encuentro con otro gigante, *l'uomo di sasso*, con idéntica voz de bajo, que en dirección contraria le alarga la helada mano de la muerte. De este modo se cierra el círculo de la pasión: se devuelve el golpe, se interioriza el crimen, se revierte la estocada. La herida abierta con el crimen que sucede a la violación de Doña Ana, la que desencadena la historia, se muestra al final de la ópera en forma de abismo infernal que parte en dos mitades el suelo que pisa *Don Giovanni*, absorbiéndole hacia las moradas infernales. Entre ese comienzo y ese final se desarrolla la fiesta, en pleno despilfarro jocoso de confituras y chocolates, buena bebida y fastuosos banquetes. *Don Giovanni* es la pasión por la prodigalidad y el dispendio: cuanto toca, cuanto sale de sus manos, queda convertido en manjar, en vino, en confitura, en consumo ostentoso; todo él es movimiento, contagiando a cuanto le rodea con el ritmo de la danza al son del cual se mueve. Entre crimen y expiación, entre la violación y la mano justiciera, media el perpetuo *drama giocoso* de los bailes de disfraces y de los cambios de identidad, de las dobles puertas y de los escenarios trucados: el carnaval tiene un crimen por precedentes y una condenación por consecuente, o es el término medio de un silogismo cuya premisa es la acción homicida y cuyo término es la paga de la fianza contraída con el crimen. En el instante postrero en que el Convidado de Piedra exige arrepentimiento a *Don Giovanni*, éste se afirma en la acción que deriva de su pasión, en el crimen primero que desencadena la sucesión de engaños, embozamientos, violaciones a través de la cual establece su indeleble carácter y destino de *burlador*. Ese destino, ese carácter probado por la repetición, por el hábito, compone su inquebrantable y firme identidad.

He aquí que la razón se rebela contra nuestro sinuoso proceder —por rodeos y circunvalaciones en torno a la idea de pasión— y propende a un salto abrupto con respecto al orden de la *empiría*, decidiéndose drásticamente a *definir* la pasión. De lo cual resulta la siguiente séxtuple afirmación, que establece a modo de hipótesis que necesita ser probada:

1) Pasión es algo que el alma padece o sufre; algo que *le pasa* al alma.

2) Pasión es algo que posee al alma (entendiendo posesión en el sentido de «posesión demoníaca»; la pasión nos aparece, en esta segunda determinación, como algo demoníaco que toma posesión del sujeto).

3) Pasión es algo que insiste en pura repetición de sí misma por sobre las resistencias y obstáculos que ella misma se interpone. Esa dialéctica de insistencia y resistencia funda lo que aquí llamo sujeto pasional.

4) Pasión es hábito, *habitus*, en el literal sentido del término (costumbre, vestido, vestimenta, máscara o disfraz): es la memoria que el sujeto tiene de sí mismo. La pasión hace al sujeto del mismo modo como el hábito *hace* al monje.

5) Pasión es aquel exceso nuclear que compromete al sujeto con las fuentes de su ser, enajenándolo y fundándolo a la vez. Es, pues, la *esencia* del sujeto (alteralidad inconsciente que funda la identidad y mismidad del propio sujeto, raíz de su fuerza y de su poder propio intransferible).

6) Pasión es aquello que puede llevar al sujeto a su perdición, condición de posibilidad de su rescate y redención: es lo que crea y recrea la subjetividad a través de su propia inmolación y sacrificio.

Tiene, pues, su lugar de prueba en la muerte, en la locura, en el crimen, en la transgresión.

Si Montaigne decía que el estilo es el hombre, podemos afirmar aquí que éste es pasión, sin prejuzgar, como hace Sartre, si pasión útil o inútil, añadiendo que la pasión excede el ámbito de lo humano, ya que hay pasión de dioses e hijos de dioses, de héroes y también de hijos del Hombre. Uno es su propia pasión o eso que llamamos estilo, y estilo propio es la marca o el sello de identidad que la pasión deja en cada cosa, sea «la cosa» un individuo, un conjunto de textos, un *corpus* musical viviente, una etnia, un pueblo, una casta, un estamento, una iglesia, un club de raros negocios, una mafia, un ejército o una armada de salvación. Lo que llamamos aquí figuras o protagonistas de la pasión son aquellos lugares comunes míticos y legendarios que actúan sobre nosotros a modo de pautas o paradigmas en los cuales podemos reconocernos y desconocernos por *comparación*. Son aquellas ideas singulares encarnadas o esencias propias que realizan una determinada *performance* de la pasión, produciéndola en vivo de forma singular y encarnada, es decir, de forma artística. Son, pues, las expresiones que la pasión se da a sí misma. De esta suerte podemos juzgar los comportamientos propios y ajenos en relación a esos paradigmas singulares, viendo en la cotidianeidad reflejos, sombras o combinados de seres vivos ejemplares, vidas que *repiten* esquemas o arquetipos, existencias burguesas donde reencarna la mitad celeste de la esfera, la mitad arquetípica y mítica, existencias en las que se proyecta de pronto —de forma más o menos ajustada— la sombra de Lady Macbeth, Julien Sorel, Doña Elvira, Fiordiricci y Dorabella, La reina de la noche, Madame Verdurin y su cogollito, Swan, el Cónsul, Malone, Molloy, Murphy, Ricardo III, Falstaff. Estas figuras son atemporales y eternas, componen lo que Thomas Mann llama, en su obra *José y sus hermanos*, el hemiciclo celeste, siendo para el narrador de esta novela el *todo* una esfera giratoria en la que rueda perpetuamente la mitad celeste y la terrestre, la mitad mítica y la mitad burguesa, de manera que aquélla se encarna en ésta o ésta concreta y materializa la primera. Esas figuras son, pues, ahistóricas: fundan la historia como espacio de la repetición, en el mismo sentido en que Marx decía que la historia se repite al menos una vez, la primera en forma de tragedia y la segunda como parodia mimética de la primera. La historia es lugar o espacio de la *mímesis*, siendo entonces la revolución francesa repetición mimética —en indumentaria, en espíritu— de la democracia ateniense, por lo que puede afirmarse que el cuadro más realista es el más aparentemente simbólico, o que el ojo evaluador expresa, al modo de David, eso que ve con togas atenienses o romanas, a modo de combate entre horacios y curiáceos.

La pasión es lo que *sujeta*, de manera que no es posible librarse de ella. En la pasión fracasa la «ideología espontánea del filósofo». Éste, desde la antigüedad estoica, concibe la pasión como *conmotio* y *perturbatio* que impide al alma ser soberana de sí misma y de sus actos. Para Kant, tendencias, apetitos y pasiones son impurezas y enfermedades que perturban y conmueven el edificio de la razón práctica y su universo de leyes universales y necesarias: la pasión es, para Kant, locura del alma, pero locura clínica (y no divina, como era *Eros* en Platón). El ideal de soberanía de la razón práctica convierte a la pasión en lo que debe ser sometido y dominado. El hombre alcanza su realización en tanto llega a ser señor de sí mismo, de sus acciones, a través del dominio de las pasiones. Si bien puede preguntarse, con Gerhard Krügger, si llega o puede llegar a ser señor de su propio señorío. *Die Illusion liegt gerade in dem «ideal» der Souvernität. Der Mensch ist Herr seiner selbst, aber nicht Herr seiner Herrschaft.* En una extraordinaria exégesis del *Banquete* de Platón demuestra Krügger cómo en el mundo religioso antiguo, inclusive en su momento «ilustrado» posterior a la sofística, inteligencia y pasión, *Einsicht* (visión interna) y *Leidenschaft*, no son instancias escindidas, como en la modernidad, ni la segunda queda subordinada a la primera, sino que constituyen polaridades dialécticas de una unidad y de una síntesis. La posesión pasional de *Eros* no produce únicamente ceguera sino superior iluminación, la *dependencia* del sujeto anímico a esta instancia no le impide, antes al contrario, le posibilita, conocer. La pasión, por consiguiente, domina al alma y la posee, sumiéndola, llegado el caso, en entusiasmo (de manera que sea una fuerza externa, una deidad, la que se apodera del sujeto). El alma se halla, pues, enajenada, sólo que esa enajenación es condición del encuentro del alma con sus propias raíces esenciales: esa enajenación constituye la subjetividad, que es siempre sujeción a un principio exterior o a un otro en el cual y desde el cual se constituye y configura. Ese otro asume el carácter y el contenido de una determinada máscara de la pasión, por lo que es la Máscara —como señalé en mi libro *Filosofía y Carnaval*— lo que funda la subjetividad, cuya raíz debe verse siempre exterior al *ego* que la inviste, y no en el interior de éste, a modo de un supuesto —y ficticio— núcleo originario de interiorización y recogimiento donde, en la aprehensión intuitiva del Yo sobre sí mismo (en la ecuación del *Ich bin Ich*), en la regresión dialéctica del Yo al Yo a través de la negación, o en una previa aprehensión preconceptual y prejudicativa, se hallara un fundamento infundado donde asentar el principio del conocimiento y el principio de la praxis.

El sujeto se constituye a través del oscuro trabajo de la pasión desmenuzado en repeticiones y hábitos. Lo que llamamos «yo» es, acaso, la generalización de ese trabajo de la memoria pasional, la abstracción que resulta de esa labor o bien la síntesis que produce, como efecto de sentido, esa trama de hábitos forjadores de un carácter. El sujeto está, pues, enajenado a su pasión, que lo dirige y lo domina, siendo, por tanto, instancia divina o demoníaca que lo posee. Llama Freud a la «compulsión de la repetición», instancia demoníaca, por cuanto actúa con independencia plena de la consciencia del sujeto, a modo de un automatismo. La pasión es demoníaca en virtud de su naturaleza repetitiva y de su carácter posesivo respecto a la subjetividad. La pasión posee al sujeto del mismo modo como, en una celebración ritual, el dios, el hijo del dios o el «caballo del dios» posee al catecúmeno, de forma salvaje e indómita, o al iniciado, de forma controlada y rítmica. Uno no es dueño de sus pasiones. Dominar las pasiones equivale a suicidarse o morir (eso que en este *tratado* entiendo por suicidio o muerte, la «muerte en vida» del sujeto pasional).

La pasión domina al personaje o protagonista de la pasión: poca cosa puede hacer por resistir esa afección del ánimo, ese *afecto*, que insiste en él sin apenas poder ofrecerle resistencia. De ahí que el personaje reincida en sus «errores» y «desvaríos», afirmándose, llegado el caso, plenamente en ellos. Las admoniciones que oye el sujeto pasional, más que alertarle, le azuzan, o bien a la vez le alertan y le azuzan, le hablan del supremo peligro que asume con su conducta, a la vez que le muestran el fascinante esplendor del abismo, la inexorable conexión entre lo sublime y lo terrible. Hay muchas veces complicidad en esas voces del coro. Leporello, esa genial creación de Da Ponte y Mozart, es la voz del coro interior que oye *Don Giovanni* en pleno soliloquio consigo mismo. Con voz de bajo, al igual que su señor, advierte a éste de los peligros extremados en que se expone con su conducta sistemática de burla de la ley humana y divina, pero a la vez sucumbe siempre al hechizo de esa conducta transgresora, hasta el punto de interceptar con él, en plena ley de camuflaje y desdoblamiento, su identidad, convirtiéndose en conquistador de la desdichada Doña Elvira (al tiempo que Don Juan burla al propio cómplice del burlador, insinuando la seducción de su querida).

La pasión es, pues, algo que el sujeto padece o sufre. Ella es la que actúa, la que hace y deshace, de tal manera que el personaje o protagonista de la pasión es siempre paciente o víctima, abocado o fijado a obrar según un designio insobornable que la constituye en carácter, en destino, que le convoca y llama cada vez, a modo de vocación y «profesión». Puede decirse que uno profesa la pasión que le ha caído en designación en el previo reparto prenatal de caracteres o de *moíras*. O que uno es culpable, inocentemente culpable, de ese destino que es fijado por las líneas astrales de la vida.

Vistas las cosas desde nosotros *(quoad nos)*, ella, la pasión, es principio de acción, siendo el *ego* paciente y víctima. Vistas las cosas desde ella misma *(quoad se)*, nosotros somos obstáculos y resistencia, fortalezas precarias construidas *ad hoc* con el fin de que su labor se produzca y se fortalezca en la prueba y en la lucha con enemigos externos e internos, con demonios interiores o exteriores. De hecho es la propia pasión la que crea sus propios atolladeros, ya que pasión es, por definición intrínseca, división, desgarro, escisión, segmentación y cruz, lanza clavada en el costado, herida abierta que no puede ser cicatrizada. De ahí la naturaleza pasional de Dios, la *cosa misma*, o si se quiere decir de forma eufemística, *das Seyn*. La pasión es, por su naturaleza, pasión dividida y partida, pasión que va a la vez a favor de sí misma y a su contra, en favor del sujeto y en antagonismo a él, pasión que, por lo que respecta a nosotros, queremos y odiamos al mismo tiempo, en la cual nos afirmamos y negamos. De hecho, esa escisión primera de la pasión determina la aprehensión íntima, afectiva y cognitiva, de nosotros mismos, en el amor y en el odio, en el entramado de amor y odio que sentimos como propiedad y pertenencia. Nos amamos y nos odiamos a la vez, queremos y no queremos estar en eso que somos, estamos bien y estamos mal en nuestra piel, queremos perseverar en el ser, al modo del *conatus* spinozista y leibnizeano, queremos también nuestra propia destrucción y autoaniquilación, deseamos sufrir, morir, al modo del *Tannhäuser* wagneriano. Como señala el caballero del subsuelo, en la obra de Dostoievski, nada deseamos en el mundo más que aquello que puede abofetearnos, martirizarnos, inquietarnos y hacernos padecer: cualquier cosa excepto el estado de aletargamiento y tedio en que sume al hombre de la «consciencia hipertrofiada» su exagerada lucidez respecto a los móviles y las leyes «objetivas» a través de las que se mueve el superficial «hombre de acción». Y si actuamos es en razón de que es mejor obrar que no querer obrar, como señala el *Bagavad'hita*, aun cuando se desconozca el porqué de una acción que parece a todas luces absurda, inútil y cruel.

Queremos ser y no ser a un tiempo, porque la pregunta fundamental es hamletiana, y no hay respuesta taxativa a eso que nos produce pasmo y desazón: siendo más fácil concebir nuestra nada constitutiva que nuestro ser, ya que produce rabia e ignorancia la idea de que «a pesar de todos los pesares algo somos». Ser y no ser forman la trama trascendental de la pasión. De modo que constituyen, en pleno vértigo, el sustrato pasional que nos domina. La pasión es la cuerda tendida entre los abismos del ser y del no ser. Las voces del más allá aúllan por detrás de nuestro precario avance con la maroma al modo de la bestia inmunda que asalta al titiritero al comienzo del *Zarathustra*, a modo de la figura diminuta del hombrecillo, el celado y siniestro *Mister Hyde*, el escondido, el oculto, que acaba por apoderarse plenamente del probo y victoriano hombre de mundo *Doctor Jekyll*.

¿Qué es la pasión, qué debe entenderse por pasión, cuál es su naturaleza intrínseca, cuál es la definición adecuada de su idea? Dejemos que sea ella misma la que se nos vaya mostrando, dejemos que sea ella la que, a través del curso reflexivo mismo de la escritura, manifieste sus propias determinaciones.

Para lo cual, nada más adecuado que sorprender a la pasión en el instante mismo de investidura del sujeto, en el momento de su auroral comparecencia en aquella víctima sobre la cual hunde sus estandartes y banderas. En una primera aparición, la pasión se ofrece como algo primaveral, adolescente, angustiante, al modo del cruel mes de abril, que abre la espita de la memoria y del anhelo. La pasión es, entonces, pasión que inicia sus años de andanzas, su propio aprendizaje, pasión inocente y pura que todavía nada sabe de sí misma ni de su propio y pertinente objeto. Es pasión a escala de la certeza sensible, pasión primera e inmediata. El sujeto poseído nada sabe de sí, o nada sabe de lo que hace ni de lo que siente, dice de sí mismo «no sé quién soy, no sé tampoco qué es lo que hago, siento que se alterna en mi pecho el fuego y el hielo, me turbo, me altero, algo sucede dentro de mí que no acierto a explicar de ningún modo». El alma está turbada, inquieta: percibe *aquí* un objeto que puede acaso calmarla, y afirma *aquí está, ya lo tengo, sé al fin qué es lo que pasa, es Ella y se llama La Condesa*; pero pasan algunas horas y el objeto ha huido una vez más. «Puede que esté allí, en otra parte», se dice a sí misma el alma poseída por la pasión primaveral. Se llama acaso Barbarina, se llama acaso Susanetta. ¿Será quizá cualquier mujer, cuanto se cruce en el camino que ofrezca aroma de mujer? ¿Será el objeto de esa pasión La Mujer, Toda Mujer, de manera que ninguna en particular puede asentarse como encarnación concreta y viva de eso que busca vanamente la pasión? ¿O eso que busca el paje Cherubino en la ópera de Mozart; está dentro de sí, es acaso la mujer que lleva consigo, lo femenino mismo que se apodera de su propia alma enamorada y pasional? Deberá entonces calmar su pasión, una vez ha confidenciado con aguas y montes, con vientos y con ecos, en soliloquio consigo mismo, diciendo al fin, «si nadie me logra escuchar o responder a mi pregunta inquieta, entonces hablaré de amor conmigo mismo».

Kierkegaard analiza, a partir de las geniales arias mozartianas *Voi che sapete, Non so più cosa son, cosa faccio*, lo que denomina «los estadios eróticos inmediatos», señalando que a Cherubino, a *Eros* en esta primera preformación pasional, «le pasa un poco como a Thor, a quien se le describe aspirando un cuerpo cuya punta está hundida en el Océano... El deseo, aspirando así, no logra atraer del todo su objeto, y no porque éste sea infinito, sino porque el deseo es incapaz de convertir esa finitud en objeto propio... su aspiración no entra en ninguna relación al objeto, sino que se identifica con su propio suspiro, siendo éste infinitamente hondo». De ahí el acierto admirable de confiar a la voz de una mujer el papel del paje Cherubino: «el deseo es tan indeterminado y el objeto correspondiente tan poco perfilado que ambos, el deseo y lo deseado, vienen a confundirse andróginamente. Algo así como en la vida de algunos vegetales, en los que ambos sexos se encuentran unidos en la misma flor».

La determinación del objeto y del sujeto tiene lugar, piensa Kierkegaard, cuando éste se constituye en infatigable buscador, a través de todas las mujeres, de aquella que le corresponde. En sus preformaciones inmediatas, esto se produce cuando el sujeto halla al fin una mujer, la ama, la hace suya, la posee en cuerpo y alma, pero no puede mantenerla junto a sí, por cuanto no realiza la plena encarnación de La Mujer que se está buscando. El deseo aparece entonces bajo figura donjuanesca, en plena determinación resolutiva de cuantos lances se encuentra en el camino y en continua fuga del resultado de esa acción siempre decepcionante, siempre deliciosa y festiva. De hecho, el deseo aparece, en estos estadios, como la pasión que todavía no se ha encontrado a sí misma, como el momento en que la pasión escinde sujeto y objeto, alma que desea y cosa deseada, sin llegar a unir sintéticamente en un mismo movimiento dialéctico ambos momentos. La pasión es, pues, la realización y la *Aufhebung* del deseo. Si éste quiere siempre Otro y es, constitutivamente, deseo de Otro (deseo del objeto del deseo de Otro), puede decirse que la pasión es siempre pasión de sí, pasión reflexiva que se quiere a sí como pasión. En este punto queda diferenciado conceptualmente el deseo de la pasión: una diferenciación intrínseca en tanto vemos al deseo como fenómeno de la pasión y a ésta como el *lógos* mismo del deseo, su principio interno y su finalidad. Figuras del deseo, figuras de la pasión en su aparecer inmediato son, pues, Cherubino y *Don Giovanni*, siendo Tristán e Isolda figuras mediatizadas (aunque, como veremos, insuficientemente mediatizadas) de la pasión, figuras de la pasión que es *en y para sí*.

¿En qué se diferencia el deseo de la pasión? ¿Qué relación mantiene el deseo con la pasión? La pregunta no puede dejarse por más tiempo pendiente de una respuesta. Una y otra vez nos hemos visto compelidos a confrontar la idea de deseo y la idea de pasión sin habernos decidido de forma determinante y positiva a una delimitación de ambas. Conviene ahora, por tanto, contribuir al esclarecimiento interno de la naturaleza de la pasión diferenciando ésta del deseo. Lo cual, obviamente, nos obliga a internarnos en la naturaleza misma del deseo.

Mi tesis al respecto es la siguiente (en lo que sigue deberá esclarecerse paso a paso lo que ahora formularé de forma abrupta y esquelética): el deseo es a la pasión lo que, en terminología hegeliana, es el fenómeno respecto al *lógos*: el deseo es la forma inmediata de manifestarse la pasión, es pasión en su aparecer inmediato, es la pasión en tanto que *dato*. *Lo que se nos da* en forma de pasión aparece a nosotros (nosotros, consciencias ingenuas) bajo la modalidad del deseo. El sujeto deseante es, por consiguiente, el sujeto pasional que no ha alcanzado todavía su consumada interiorización, su determinación plena y absoluta. De ahí que mantenga siempre, subsistente, enfrentado a él, un *objeto libre*, que, sin embargo, polariza al sujeto deseante de forma insistente y repetitiva. En el orden del deseo el sujeto pasional aparece escindido en la dualidad de sujeto deseante religado a su objeto. Y esa escisión no puede superarla en tanto se mantiene como sujeto deseante. La relación del sujeto deseante con su objeto es, como señala Hegel, de naturaleza negativa. El sujeto desea el objeto y se satisface en la negación de la entidad y subsistencia de éste. Esa negación es, pues, satisfacción, consumo, destrucción. El sujeto asimila, incorpora, devora el objeto de su apetencia, de su *Begierde*. Ya el animal prepara esa dialéctica al relacionarse con el mundo de las cosas a través del deseo devorador. Niega la subsistencia de éstas al apresarlas y llevárselas a la boca. En el orden del deseo el objeto pierde su subsistencia. Pero el movimiento del deseo no concluye en este proceso que lleva al sujeto hasta el objeto y que anula éste. Por el contrario, en la órbita del deseo, ese movimiento, una vez concluido, reaparece, de manera que el deseo insiste, se reproduce, mostrándose un nuevo objeto ante el sujeto. Éste se ve en la necesidad de reconocer que el objeto anterior, el consumido, el devorado, era inadecuado a su apetencia. Pero el nuevo objeto que aparece ante él sufrirá idéntico destino, de manera que se repetirá el movimiento una tercera, una cuarta vez, en una regresión al infinito (al infinito malo que carece de superación posible). En el orden del deseo siempre subsiste, por tanto, un sujeto deseante perpetuamente insatisfecho en lo más íntimo y un objeto destinado a ser negado y devorado, que deja lugar, una vez destruido, a otro objeto. En consecuencia, el Objeto del sujeto deseante está siempre en otra parte, mantiene en sí un fondo inescrutable para el sujeto que hace que éste lo persiga una y otra vez y a otro nivel se le escape siempre, como en el movimiento del *Eros* platónico (exacta descripción, desde el lado del sujeto deseante, de esta dialéctica) de su aprehensión. Habíamos visto en Cherubino y en el propio *Don Giovanni* esta dialéctica, en razón de que el objeto deseado era, para el paje de la ópera mozartiana, desconocido. Era posteriormente buscado y finalmente encontrado por el Burlador, pero de forma universal-abstracta, de manera que perpetuamente fracasaba la confrontación, hecha por el sujeto deseante, entre el universal abstracto Mujer y la particularidad libre y cuantitativa de las *mille e tre* mujeres españolas con que se iba encontrando en el camino. Puede afirmarse, con Kierkegaard, que en el estado estético el universal y el singular no alcanzan mediación absoluta, de manera que ambos momentos quedan perpetuamente extrañados y escindidos, sin realizarse el principio de la *encarnación*, la conciliación de ambos en el universal concreto o en el individuo universal.

Hegel hace aparecer el deseo en el movimiento a través del cual se constituye la autoconsciencia, una vez rebasado el orden fenomenológico de la certeza sensible, de la percepción, de la fuerza y del entendimiento. Con la autoconsciencia el mundo objetivo queda interiorizado, sin que subsista la cosa frente al sujeto, como en las figuras anteriores, en las que éste hallaba su verdad fuera de sí y su saber en puro extrañamiento de lo objetivo. Ahora saber y verdad se han conciliado. La consciencia tiene ante sí como objeto su propia consciencia, de manera que éste es al fin objeto adecuado y la certeza de la consciencia está probada por la verdad. Pero esa autoconsciencia aparece, ante la consciencia ingenua, de tal manera que esta conciliación debe recorrer un largo movimiento hasta su completa consolidación y formación. En una primera aparición la autoconsciencia se aprehende a sí misma como simple tautología, como yo igual a yo, sólo que al precio de negar toda otreidad, toda diferencia respecto al mundo de la alteridad. Es ahí donde aparece el deseo, la *Begierde*, como el movimiento a través del cual la autoconsciencia, para alcanzarse a sí misma, se ve en la exigencia de negar la objetividad. En tanto que sujeto deseante, sin embargo, la autoconsciencia se hace extraña a sí misma, sólo se reconoce abocada a buscarse fuera de sí en un objeto que pueda calmarla o satisfacerla. Pero esa satisfacción es la negación misma del objeto. Y en esa negación de la satisfacción retorna la autoconsciencia a sí misma y se aprehende como tal autoconsciencia. Ese deseo, sin embargo, no alcanza a producir absoluta satisfacción a la autoconsciencia, la cual siente de nuevo reproducirse el movimiento de extrañamiento, siente reproducirse en ella el deseo, siente frente a ella un nuevo objeto que despierta su apetencia. El objeto adecuado al deseo de la autoconsciencia será otra autoconsciencia. Pero hasta llegar a ese lugar de adecuación y conciliación habrá sido preciso demorarse en un largo recorrido. Entretanto, el objeto negado por la satisfacción ha quedado, en virtud de esa misma negación, determinado. Ya no es el objeto de la certeza sensible, evanescente y fluido, ni la cosa de múltiples propiedades adecuada a la percepción, ni siquiera el doblete sensible-suprasensible adecuado al entendimiento. Es un mundo de infinitud inquieta en el que se ha superado la dualidad del objeto del entendimiento en un principio autónomo y unitario al que Hegel denomina la *vida*.

El objeto adecuado al deseo es, pues, un ser vivo. Pero en tanto el deseo es deseo de la autoconsciencia, éste sólo halla adecuación teniendo ante sí un objeto que le sea adecuado, a saber, otra autoconsciencia. La cual, para ser deseada, debe ser *autoconsciencia viva*. Tenemos, pues, una autoconsciencia deseando otra autoconsciencia *viva* que la tiene ante sí y en la cual debe probar a la vez su identidad y su diferencia. La otra autoconsciencia es a la vez idéntica y distinta respecto a sí misma. Debe ser negada en su subsistencia independiente, en tanto autoconsciencia *viva*. Debe negarse su subsistencia vital. De este modo el deseo recae sobre sí mismo, en tanto única subsistencia (vital) de yo en tanto soy autoconsciente. Me deseo a mí mismo, me satisfago en mí mismo, gozo de mí, pero con todo ello me niego, me destruyo en tanto objeto de deseo, en tanto objeto de mi propio deseo. Si me oriento hacia el otro en razón del movimiento primero de mi deseo, me destruyo como autoconsciencia. Pero en el gozo del otro y de su vitalidad, regreso a mí mismo. Gozo entonces, en pleno esplendor narcisista, de mí mismo, regresando el deseo del objeto al sujeto, convirtiéndose ese sujeto en objeto. Gozo de mí como retorno del gozo experimentado en otro. Pero entonces me destruyo como objeto. Y libero mi propia autoconsciencia de su sustento objetivo y vital hasta reconocerme como puro sujeto sin objetividad, sin vitalidad que la sostenga. Alcanzo en ese instante *libertad*, me recobro como puro yo mismo. Pero al alto precio de negarme como ser viviente, al alto precio de morir para la vida y para el deseo. Y el otro, al que había negado, que repite en sí idéntico movimiento, se constituye a su vez como sujeto libre, muerto para la vida, muerto para el deseo, desprendido al fin de mí y del movimiento del deseo. Lo que resulta de todo ello es un universo de autoconsciencias puras, abstracciones puras de toda subsistencia vital, espectros de sí mismos en tanto sujetos deseantes negados y superados. Tal sería en última instancia el reino de la comunidad libre de iguales, el reino del espíritu al fin autoconsciente, el universo de la conciliación social de las autoconsciencias en la libre renuncia de sus particulares egoísmos. Con la superación del deseo quedó trascendido el mundo egoísta de los intereses particulares y de los goces también particulares. Pero esta ascensión a la libre comunidad de espíritus exige, antes de producirse, un largo rodeo por figuras intermedias que conducen a ellas. De hecho, la vida y el deseo insisten, por lo que el largo trabajo del negativo debe ser prolongado en las peculiares dialécticas inherentes al mutuo reconocimiento entre las autoconsciencias. En su primera aparición, éstas quedan confrontadas en el duelo a muerte. Conviene, en lo que sigue, demorarse en esa figura del duelo, tan decisiva para comprender el planteamiento hegeliano.

Podemos ya desde ahora, sin embargo, sorprender en este análisis hegeliano el destino de su dialéctica: la escisión tajante entre vida y autoconsciencia, su contradicción, el destino de un sujeto que sólo alcanza la plenitud de sí en la libre renuncia al egoísmo de su deseo particular y de su gozo también particular, el logro de esa renuncia en términos de Razón y de Libertad, la materialización y concreción de esa razón y de esa libertad en el espíritu objetivado en instituciones universales, en *estado*. ¿Hay, acaso, otra vía de superación de las dialécticas del deseo que no rompa literalmente con ellas, que no las trascienda, sino que, en un sentido más profundo que el hegeliano, las supere desde dentro, las interiorice, las rebase y mantenga, sólo que desde ellas mismas, desde su propia positividad? Nuestra esperanza estriba en encontrar en la *pasión* una vía olvidada por Hegel de mantenimiento, suspensión y superación del deseo más rigurosa que aquella trazada por la fenomenología hegeliana: una vía en la que el deseo interioriza al fin su objeto, concilia sujeto y objeto sin alcanzar esa medición en otra parte, en la esfera laboral y social, en la esfera racional de la comunidad libre de iguales. Nuestra esperanza es desprender esa esfera racional, comunitaria, laboral y social de la esfera pasional, medianera entre el deseo y el universo «espiritual» (que será comprendido entonces, de forma física, o si se quiere decir así, «materialista»). Un espíritu (comunitario y social) encarnado será, por tanto —ésa es nuestra apuesta—, lo que resulta de la mediación del deseo en la pasión. La pregunta es, entonces, ¿por qué Hegel ciega esta vía de resolución de la dialéctica del deseo en la pasión saltando indebidamente del deseo al trabajo, del deseo egoísta al altruismo sociológico e histórico-estatal? Un análisis del duelo nos puede dar, a este respecto, la pista principal.

La confrontación entre las autoconsciencias es resumida por Ramón Valls, en su libro *Del yo al nosotros*, con el siguiente esquema:

«1.º Los dos términos de la relación o el ser en otro:
 a) yo estoy en *otro*
 b) este otro soy yo mismo

2.º La superación del ser en otro:
 a) yo seré yo superando al otro
 b) yo quedaré superado al superar al otro

3.º El resultado de la superación del ser en otro:
 a) al superarme *me recobro*
 b) y al recobrarme libero o *recobro al otro*».

La otra autoconsciencia hace conmigo lo mismo que yo hago con ella, porque, como dice Hegel, «la otra es igualmente independiente, encerrada en sí misma y no hay en ella nada que no sea por ella misma».

Tal sería el delineamiento general de la confrontación entre las autoconsciencias derivada del desdoblamiento o duplicación de ésta. La concreción fenoménica primera de esta confrontación sería el duelo a muerte. En él el yo se enfrentaría en la lucha con otro yo (en general con todos los «otros yo») con el fin de suprimir la exterioridad y de esta suerte regresar a sí mismo. Esa lucha a muerte decidirá el curso de la dialéctica según la narra Hegel en figuras que nos son familiares: de la «guerra de todos contra todos» al sometimiento de aquel «yo» que prefiere la vida (y el deseo) a la muerte por parte de quien se ha hecho súbdito del único Señor, la Muerte: la dialéctica de señorío y servidumbre.

Tanto en ese delineamiento general como en la figura concreta del duelo —y en general en toda la dialéctica posterior, incluida la dialéctica del amo y del esclavo— se echa de ver el carácter *dual* de los términos que están en juego. Se trata de una autoconsciencia confrontada a otra autoconsciencia. Subsiste el espectro de un tercer término que desnivela la dialéctica, a saber, la *vida*: aquello que debe ser suprimido para consumarse la absoluta libertad, primero a través de la guerra, después a través del trabajo. Puede afirmarse, sin embargo, que el esquema es binario, o que los protagonistas del drama del reconocimiento son siempre *dos*. El tercer término adquiere carácter difuso, sin alcanzar a personificarse: es, de pronto, el sustrato vital que insiste en la autoconsciencia, es también la negación pura de ese sustrato (que aparece en la figura de el Único Señor, la Muerte). Pero nunca ese tercer término alcanza a encarnarse plenamente.

La razón de ello estriba en no haber proseguido Hegel, al adentrarse en el universo de las autoconsciencias, la dialéctica específica del deseo, que permanece celada, latente y en la sombra, en un segundo plano sintomático, sin decidir el curso ni la resolución del mismo. De hecho, Hegel no elabora su genial intuición de que el deseo sólo alcanza su realización en el universo de las autoconsciencias cuando el objeto del mismo es otra autoconsciencia. No concreta ni determina lo que sería entonces el objeto del deseo. Ese objeto, en tanto lo es del deseo, sería forzosamente un ser vivo. En tanto es una autoconsciencia, sería una autoconsciencia viva. Hegel da un salto a la negación terminante de esa vitalidad en la lucha derivada de las dialécticas de la autoconsciencia sin demorarse en la insistencia del deseo, que permanece celada, latente y en la sombra. No percibe —como percibirá Freud— la inexorable intricación de las pulsiones de vida (eróticas, sexuales) que están en juego en esa dialéctica en la que el yo se enfrenta con otro yo y consigo mismo, con las pulsiones de muerte (pulsiones del yo, sin contenido libidinal) que también allí entran en juego. Al decidir su dialéctica por la vía de la autoconsciencia, destacando únicamente el carácter negativo de la autoconsciencia respecto a lo vital, se impide pensar sintéticamente deseo y autoconsciencia, en su doble significación negativa y positiva, vital y tanática. Esta superación abstracta de la vida y del deseo decide el rumbo de una dialéctica que sólo se consumará en el universo de una abstracta universalidad (la comunidad libre de espíritu). El deseo no insistirá en las figuras ulteriores del trabajo y de la emancipación (libertad estoica), que guardarán con él una relación unilateralmente negativa.

La razón de esta deformación hegeliana consiste, a mi modo de ver, en no haber pensado el deseo como deseo sexual y en no haber introducido un tercer personaje en esa dialéctica: en no haber concebido la dialéctica de las autoconsciencias de forma triangular. De hecho, la raíz del error estriba en no haber pensado el deseo mismo en términos triangulares, como instancia que moviliza tres términos, a saber: un sujeto deseante, un objeto deseado, un Mediador (externo o interno) que enlaza el sujeto y el objeto. Dicho de otra manera: un sujeto masculino o femenino confrontado a un objeto masculino o femenino y un mediador masculino o femenino: Tristán, Isolda y el rey Market; Lancelot, la reina Ginebra, el rey Arturo; el caballero, su dama, el rival en el torneo o en la batalla. En el esquema hegeliano el deseo apenas está sexuado (posee una connotación oral o caníbal que, con ser un arranque prometedor, no alcanza a determinarse por vías ulteriores de diferenciación). El duelo a muerte no tiene en cuenta que en todo duelo hay siempre una *causa belli* que legítimamente puede considerarse de sexo femenino (o masculino, según las pautas culturales: así en la venganza de Carlomagno por la muerte del amado Orlando; o en la venganza de Aquiles por la muerte del amado Patroclo). Hay, pues, siempre, tres términos sexualmente marcados. Para simplificar, diremos: dos hombres y una mujer, dos mujeres y un hombre, entendiendo por «hombre» y «mujer» funciones y papeles, no sustancias ni entidades. Freud, como veremos a continuación, plantea estas mismas dialécticas hegelianas, en su análisis del caso Schreber y en su *Introducción al narcisismo*, teniendo en cuenta la triangulación esencial del deseo y su componente sexual.

En su análisis del caso Schreber *(Observaciones psicoanalíticas sobre un caso de paranoia)* y en la posterior elaboración teórica de los resultados de ese primer análisis de una psicosis, especialmente en la *Introducción al narcisismo*, Freud se interna en un territorio previo o anterior al establecimiento de una libido objetual en la que los instintos sexuales invisten el yo (y en el caso de la psicosis, quedan fijados en él). En ese territorio descubre (o mejor dicho, formula como hipótesis) un sustrato instintivo de naturaleza no libidinal que soporta la propia estructura del yo, sustrato instintivo que compone lo que Freud denomina «los instintos del yo». El dualismo instintivo de la vida psíquica queda de esta suerte garantizado, pese a reformular en la dualidad *instintos del yo/instintos sexuales* la dualidad de su teoría anterior *principio de realidad* (*necesidad* o *Ananke*) y *libido (Eros)*, preparando, en esa etapa de su formación, la elaboración final de su teoría de los instintos en términos de *Eros/Tánatos, principio de vida y principio de muerte*. En esa etapa intermedia, Freud trabaja el mismo territorio que Hegel determinaba como dialéctica de las autoconsciencias. Igual que en ésta, el deseo inviste el yo, tanto en su proyección exterior sobre *otro yo* con el que guarda relación especular, como en el retorno o regreso hacia sí mismo. La paranoia es determinada, en este sentido, por Freud, a través del concepto *proyección*, de manera que el sujeto paranoico es aquel que proyecta fuera de sí su propio yo en un álter ego al que constituye en sujeto verdadero, a la vez idealizado y convertido en instancia persecutoria. Lo que me importa subrayar es que Freud moviliza, para explicar la homosexualidad latente en todo proceso paranoico de proyección, tres términos, que pueden estipularse como tres posiciones o lugares, o si se quiere decir así, tres protagonistas del drama libidinal del sujeto deseante. Esos tres términos quedan estipulados por los pronombres: Yo (sujeto masculino o femenino), Él y Ella. Tres pronombres marcados sexualmente. El razonamiento implícito en el paranoico en todas sus variantes estructurales —o por lo menos en las más evidentes— da lugar a tres figuras, que permiten explicar las inversiones y «falseamientos» que el sujeto paranoico se produce respecto a su objeto, por razón de no reconocer un tercer término mediador. Ya que la paranoia se caracteriza por reducir drásticamente el carácter triangular del deseo a la dualidad de un sujeto (magnificado y/o perseguidor) y otro sujeto (el *ego* del paciente, «elegido», disminuido y/o perseguido). En el caso de Schreber el sujeto perseguidor, objeto tachado de su deseo, es el psiquiatra (en última instancia el padre o el hermano mayor del sujeto), siendo el objeto manifiesto en el delirio el Dios que hace de Schreber un auténtico elegido, sólo que al precio de mutar de sexo y convertirse en una mujer. Los razonamientos paranoicos, visibles en los síndromes de los celos y en otras manifestaciones como la erotomanía o el delirio persecutorio, dan lugar a ideas que contradicen la siguiente idea latente:

«Yo (un hombre) *le amo* (a un hombre)»: tal sería la frase tachada, que es invertida y contradicha, o sustituida, por frases del siguiente tenor:

a) En el delirio persecutorio: «*No le amo; le odio*». El mecanismo de proyección produce la frase siguiente: «*Él me odia* (me persigue)». La frase que llega a la consciencia es, por tanto: «No le *amo*; le *odio*, porque me *persigue*».

b) En la erotomanía: «Yo no le amo a *él*; amo a *ella*». Esta frase se transforma en la siguiente: «Yo no le amo a *él*; la amo a *ella*, porque *ella me ama*».

c) En los celos delirantes: «No soy *yo* quien ama al hombre; es *ella* quien le ama».

Esta triangularidad estructural del deseo, reconocida por Freud y por sus seguidores (Lacan define el deseo como *deseo del objeto del deseo de Otro*), reconocida por pensadores que, como Girard, analizan desde otros parámetros intelectuales la estructura del deseo, no está suficientemente subrayada por Hegel, lastrando tanto su análisis de la *Begierde* como toda su dialéctica de la autoconsciencia, cuya raíz idealista debe verse en esta deformación, lo mismo que en la negación implícita del contenido sexual del deseo. Girard, en su hermoso libro anteriormente citado y comentado, *Mensonge romantique et vérité romanesque*, explica la razón de este error idealista (y por extensión romántico) tendente a borrar el carácter triangular del sujeto deseante en un binarismo que sólo en una «sociedad abstracta» puede, en el mejor de los casos (así en Hegel), hallar una abstracta superación.

La abstracción de esa superación es proporcional a la evanescencia del sujeto deseante; de hecho, la sociedad de autoconsciencias libres hegeliana se edifica a costa de la sistemática negación del deseo. El trabajo aparece, en la *Fenomenología*, como negativo respecto a la apetencia de la consciencia servil, que tiene en el «apego a la vida» su objeto a la vez que su cadena. El trabajo es negativo respecto a esa apetencia y a ese apego. Es negativo respecto al deseo, siendo por lo mismo también negativo el resultado de ese trabajo, la formación, la cultura *(Bildung)*. Hegel, de este modo, decide el destino de ambos conceptos, deseo y trabajo (deseo y producción), al pensarlos —en adecuada conformación con el código ético-económico burgués que se abre paso en la misma época de manera hegemónica— como conceptos separados, escindidos. Su antirromanticismo, su afán realista por conciliar la filosofía con «la cruz del presente», condujo a Hegel a pensar el mundo social a partir de la sistemática negación de la apetencia. Invirtió, de este modo, la decisión romántica por pensar el deseo (así en el *Werther*) como instancia subjetivista y ossiánica divorciada del «mundo de los hombres», de la comunidad humano-burguesa, del universo industrial y ciudadano. En mi libro *El artista y la ciudad* mostré el destino de estos dos conceptos, deseo y producción, que fueron pensados dialécticamente por Platón, y que en los comienzos del siglo XIX llegaron a constituirse a modo de instancias escindidas, determinando así el rumbo desventurado de nuestra reflexión, abocada a pensar el individuo —en su vertiente subjetiva, anímica (como sujeto deseante)— y la sociedad —en su vertiente objetiva, institucional, económico-política— a partir de teorías separadas, correspondientes a una experiencia histórico-mundial escindida en la que subjetividad y objetividad no alcanzan la anhelada mediación.

De hecho, la raíz de esa escisión puede perseguirse ya en el medioevo, en los libros de caballerías, pero sobre todo, de una manera cruda y tajante, en el *Tristán*, donde el mundo anímico del amor-pasión aparece como término negativo y escindido respecto al mundo social, donde el amor entre Tristán e Isolda se presenta con carácter marcadamente negativo respecto al mundo del Día y de los valores del Día (honor, gloria, reconocimiento, amistad, matrimonio). De hecho, puede decirse que ese amor-pasión constituye la referencia negativa, la *sombra* inhibida por la legislación ético-social que, con el feudalismo tardío y a través de la acción y de la reflexión de la iglesia cristiana, elevó la institución utilitaria y pragmática del matrimonio feudal a la condición de sacramento, dando así un sesgo mundano y profano a la idea evangélica y paulina del *ágape* cristiano. El amor transgresor y adúltero entre Tristán e Isolda, sancionado por la «religión del amor», elevado a la condición de amor sagrado y sublime —esa forma de amor que el romanticismo y Wagner supieron reanimar desde una perspectiva más tardía y autoconsciente— constituye, desde esta perspectiva, la *aparición* misma de la pasión, la pasión en su primera forma, *inmediata*, de manifestarse: como instancia sintética (en tanto que pasión cuyo objeto es la propia pasión) respecto al carácter unilateral, escindido y «formal» del *Eros* platónico; pero, desde otra perspectiva, como instancia negativa respecto a la sociedad, respecto al universo comunitario, siendo, por ello, regresiva en relación al *Eros* platónico, que era instancia formativa, capaz de plasmarse en la objetividad y en el mundo institucional. Si, pues, el deseo es, según aquí lo definimos, el fenómeno mismo de la pasión, por cuanto escinde un sujeto deseante de su objeto (hemos reconocido en la figura del Mediador la razón de esa escisión), cabe decir que la pasión, síntesis de sujeto y objeto (en tanto pasión que tiene por objeto la pasión), aparece de forma inmediata como instancia negativa respecto a la objetividad, como pasión todavía subjetiva o como pasión que separa el dúo de amor del resto de la comunidad: negatividad que viene figurada por la imagen de la Noche y de la Cueva de Amor. La pasión plenamente formada sería, por tanto, la pasión que alcanza a unir subjetividad y objetividad, la pasión capaz de plasmarse en la síntesis sujeto-objeto, alma y ciudad, universo anímico y productivo. Pero, para decirlo en términos hegelianos, esa pasión en-y-para-sí sólo aparece de momento «a nosotros»: se hace preciso, por tanto, avanzar en nuestro recorrido hasta acoplar «nuestra consciencia» con el propio desarrollo inmanente del fenómeno.

Conviene ahora volver sobre nuestros propios pasos: retroceder a aquel instante, insistentemente rememorado en este *tratado*, en que Isolda, con la espada alzada ante el héroe malherido, a punto está de ejecutar la acción a la que le conduce su pasión vengadora. Eran, decíamos, unos «bellos ojos» con lo que Isolda se encontraba: Los «bellos ojos» de Tristán. Mas he aquí que esos ojos comienzan a animarse y a expresarse. Comienzan, también ellos, a mirar. Isolda ve unos ojos que a su vez la miran. Isolda se encuentra con unos bellos ojos que le están mirando.

En la ópera wagneriana, Isolda no ve, simplemente, los «bellos ojos» del héroe malherido. Según confiesa a Brangania, «él desde su lecho me miraba, / no la espada, no la mano, / los ojos me miraba». Isolda ve unos ojos que le miran. Los ojos de Isolda se encuentran con unos ojos que la están mirando. «Me apiadé de su miseria, / y dejé caer la espada. / La herida que Morold le causó, / se la curé / para que sano / volviera a sus lugares / y no me molestara / más con su mirada.»

La dialéctica especular del reconocimiento de las autoconsciencias podría resumirse en esos versos profundos de Antonio Machado que dicen así:

> *Mis ojos en el espejo*
> *son ojos ciegos que miran*
> *los ojos con que los veo.*

Pero ¿qué es lo que hay más allá del espejo, qué es lo que puede verse por detrás del espejo? Detrás de todo el proceso de las identificaciones, con su rémora idealizadora y persecutoria, más allá de la especulación, subsisten «los bellos ojos» del héroe, que no son «ojos ciegos» sino ojos que miran. Los ojos de Isolda, de la bella Isolda, se encuentran con los ojos de Tristán, el héroe triste y malherido. Ella mira la mirada de él, los bellos ojos de Tristán, mira esos ojos en tanto son *ojos que miran*. Lo que ve el sujeto amoroso es, pues, otro sujeto, otra autoconsciencia, que a su vez mira, se expresa. No se ama una forma, un objeto («sus bellos ojos»), sino una demanda que es, a su vez, una respuesta («unos ojos que miran»). La mónada se abre porque la otra mónada se abre también. Lo que de ello resulta es una *relación*: algo que destruye el carácter sustancial de los ojos y el carácter unilateral de la aprehensión formal de los objetos. La relación, la historia —la pasión expresada en términos de relación, de historia— constituye la superación del monadismo solipsista del sujeto erótico y pre-pasional que no alcanza a percibir en el otro aquello que de él, y sólo de él, procede, *su mirada*. Conocer, en términos relacionales e históricos (entendiendo historia en el sentido, fuerte, de historia amorosa y pasional) consiste en conocer, a la vez, el propio conocimiento del otro y el conocimiento de otro hacia uno mismo, en una acción recíproca que no permite diferenciar antecedentes ni consecuentes. En esa visión del otro, en esa visión de la visión que el otro tiene de uno mismo, en ese regreso hacia sí que catapulta un nuevo progreso hacia el otro, se halla el verdadero punto de partida de un conocimiento pasional que, en tanto se produce unilateralmente, no accede al territorio propio de la pasión en-y-para-sí. Si el dato inicial, inmediato, del conocimiento, de la pasión, lo constituye la singular percepción de «los bellos ojos» del otro, puede decirse que la mediación de ese dato, su elaboración, su proceso y su trabajo, lo constituye la respuesta de esos ojos, que no son ciegos, sino expresivos, pasionales a su vez. El verdadero comienzo del conocimiento y de la pasión es, pues, «unos ojos que miran unos ojos que miran esos ojos». Lo que el sujeto ve son los ojos que le miran y en tanto le miran. Y no por razón de que le miren *a él*, o no sólo por esa razón (no por causa de que él sea aquel en quien recae ese favor, esa gracia, esa elección), sino porque al mirarle se expresan: y es esa expresión lo que hace que el sujeto ame y se apasione. Amor y pasión intensificados por razón de que el otro sufre en sí mismo idéntico proceso.

En la ópera wagneriana subsiste esa fugitiva iluminación captada por Isolda, como el único punto de apoyo de esa pasión recíproca que aquí andamos indagando. Isolda mantiene la memoria de esa iluminación, mientras Tristán ha desertado de la misma. Tristán conduce a Isolda al reino de Cornualles, con la finalidad de casarla con su tío y padre adoptivo, el rey Market. En la narración medieval, Tristán da muerte al dragón que asola la ciudad de Isolda. El precio que se concede al que consigue esa hazaña es, obviamente, la mano de la princesa. Pero Tristán prefiere llevar a Isolda a su padre adoptivo en vez de asumir lo que en buena lógica le corresponde. En la ópera wagneriana vemos a Tristán guiando el barco rumbo a la patria de su tío, evitando cualquier contacto con su hermosa huésped, lo que provoca la ira de la futura reina. Sólo la ingestión del filtro —debido a un descuido, en la leyenda medieval— torcerá los propósitos fugitivos de Tristán, trocando su evasiva en pasión. Pero esa pasión se hallará entonces lastrada por el propio medio —mágico y cauterizador— que la ha provocado. Será, por esa razón, una pasión ciega que deberá vivirse a partir de una negación radical y de un rechazo de la comunidad humana (y, en general, del mundo en su totalidad). En cierto modo el filtro recompone lo que se hallaba descompuesto, regulariza una situación plenamente irregular. Pues podemos preguntarnos, ¿por qué Tristán no asume su condición de héroe, casándose con la princesa tras dar la muerte al dragón? ¿Por qué no conduce a Isolda a su propio castillo, en vez de ofrecerla en manos de su envejecido tío y padre adoptivo? El filtro deja hablar las voces del más allá, las voces del deseo y de la pasión inconscientes. Pero la irregularidad de origen determina la irregularidad del medio que desencadena la pasión. La evasión primera determinará la gran evasión que se produce en el *dúo de amor*, donde Tristán e Isolda alcanzan a vivir su pasión en radical negación de todos los valores del Día.

La pasión de Tristán e Isolda constituye, desde luego, un importante avance en el seno de la lógica del deseo, ya que ambos aspiran a disolver el fijismo de sus propias sustancias individuales, de forma que se sientan unidos y trascendidos en un fluido (amoroso y musical) que destruye su carácter de *personas*. Aspiran a disolver la cópula que separa a Tristán de Isolda en la proposición «Tristán e Isolda». No son el uno para el otro *objetos*. Son sujetos, entendiendo por subjetividad la negación de lo objetivo y sustancial. En este sentido la pasión que se escenifica en la leyenda medieval significa una profundización esencial —como vimos en la primera parte de este *tratado*— en la lógica del deseo y de la pasión: en el paso de la concepción platónica del *Eros* (con su aspiración formal) a la concepción del amor-pasión. De hecho, en esa leyenda *aparece* la pasión. Esa leyenda es el fenómeno mismo de la pasión, es la pasión en su forma inmediata de manifestarse. De ahí que esa subjetividad, entonces alumbrada, deba probar su destructividad respecto a todas las cosas, hasta consumar, como insinúa Freud, una auténtica «paranoia del fin del mundo» según la cual en el éxtasis amoroso todo el universo social y físico queda abolido y disuelto, alumbrándose el verdadero mundo que es el mundo de la *noche* de la subjetividad.

El sujeto pasional se nos muestra, por tanto, en la leyenda medieval, recreada por Wagner, como el punto de partida idóneo para una reflexión (y definición) de la pasión que permita diferenciarla del deseo. Pero esa pasión no está probada. *En sí* es pasión y su verdad subsiste inmune a pesar de su propio contenido ilusorio. Pero es preciso destruir cuanto en ella subsiste de ilusión. Lo cual implica reconocer ese carácter ilusorio, con el fin de alcanzar la verdad misma de la pasión, de la pasión en-y-para-sí. Pero este tema nos obliga a emprender la recta final de este razonamiento, con el cual únicamente perseguíamos determinar al deseo como fenómeno de la pasión, y a ésta como fenómeno de su propia razón. Sólo que la razón del fenómeno pasión no se nos ha mostrado todavía, con lo que deberemos aguardar hasta que ésta se nos dé y se nos despliegue.

Nuestra crítica a la concepción hegeliana de la autoconsciencia y del deseo podría resumirse en el siguiente enunciado, que formularemos interpretando libremente una profunda tesis del libro, varias veces citado, de Girard: cuando no se asume la estructura triangular del deseo, entonces la mónada subjetiva tiende a proyectar la ilusión de una dualidad. Dicho de otra manera, cuando no se acepta el número tres se recae en el número uno, del que se intenta salir fantaseando el número dos: la negación de la triangularidad hunde al sujeto en su monádica soledad de la que sólo fantásticamente cree salir proyectando su propio desdoblamiento en otro. El *dúo de amor* constituye, por tanto, la fantasía de dualidad de dos mónadas encerradas en la fortaleza vacía de su subjetividad ensimismada. Lo que explica ese ensimismamiento es el no reconocimiento de los tres términos que implica su propio deseo.

En Hegel puede verse en este no-reconocimiento del triángulo implícito en todo *duelo* el origen de su concepción idealista —y en el fondo solipsista— de la dialéctica de la autoconsciencia y del deseo. En el romanticismo, en Wagner, en la leyenda medieval del *Tristán*, puede verse idéntica tachadura de la triangularidad —que, sin embargo, está siempre visible y patente— en favor de un *dúo de amor* que permitiría hablar de «narcisismo a dos» de no quedar, en un punto, refutado: en lo que hay en el Tristán de reflexión dialéctica del sujeto pasional.

Llamo aquí *deseo autoconsciente* al que reconoce la triangularidad que lo constituye. Sólo que el deseo así entendido no es ya, propia y rigurosamente, *deseo*, sino pasión. Llamo *pasión inconsciente* a la que, siendo reflexiva, dialéctica y «subjetiva», no asume el carácter triangular del deseo en el cual se manifiesta: la pasión de Tristán e Isolda. Llamo *pasión autoconsciente* a la que añade al *deseo autoconsciente* el carácter subjetivo y dialéctico del que carece el deseo. En lo que sigue será preciso desplegar ampliamente estos enunciados demasiado rígidos y tajantes.

No son sólo «los bellos ojos» de Tristán los que desencadenan la pasión de Isolda, sino «unos ojos que miran». Pero de hecho hay también una tercera serie de «muchos ojos» que están también mirando. Son los ojos que espían. Brangania, antorcha encendida en medio de la noche, constituye la frágil luminaria que preserva a los enamorados de las terceras miradas. El punto de partida del conocimiento, en su recta hacia el conocimiento absoluto, lo constituye, por tanto, la siguiente estructura compleja y triangular: unos ojos que miran unos ojos que miran; y unos ojos que sobredeterminan esa mirada recíproca, formando de hecho la serie de «terceros ojos» que están espiando. Más allá del espejo hay, pues, la mirada del otro y la mirada implícita de Otro que mira esa recíproca mirada, fundando una nueva serie de reciprocidades encadenadas. Yo le veo a ella, veo que me está mirando, pero veo también a Otro que la mira, cuya mirada ella también mira, veo, en fin, que él mira mi mirada, su mirada (de ella) en mi mirada. En esta *escena primordial* de la mirada se da cita el dúo de amor y el duelo a muerte: *Eros y Tánatos* celebran sus trágicas nupcias. La pasión es, ni más ni menos, esa intrínseca unidad sintética que constituyen dúo amoroso y duelo a muerte: de ahí que sorprendamos todos los lugares lógicos de la síntesis allí donde la pasión aparezca, sea en el *Don Giovanni*, en el *Tristán*, en *Otelo* o en *Hamlet*. Hegel pensó a fondo el duelo a muerte, en puro olvido del dúo de amor. Los románticos, a la inversa, proyectaron una fuga del mundo comunitario y social, marcado por el duelo a muerte, a través del dúo amoroso, cuyo final y abocamiento es también la muerte. Trascender hegelianismo y romanticismo significa pensar a la vez, sintéticamente, ambos «motivos» del duelo y del dúo, que se iluminan desde el reconocimiento de la estructura triangular a que los subyace. La pasión constituye la asunción y la *performance* de esa estructura en el duelo y en el dúo amoroso. El duelo a muerte abre la pasión al orden de la sociedad, el dúo amoroso al orden de la comunidad. En la pasión sociedad y comunidad hallan su punto de esperanzada juntura y síntesis. Una síntesis de naturaleza *trágica*.

Anteriormente habíamos determinado la esencia divina como síntesis de amor y muerte en la idea de Pasión, idea que máximamente definía, a nuestro modo de ver, la divinidad, frente a aquellas filosofías y teologías que concebían la divinidad como Acción o como Producción. Ahora nos encontramos con la misma idea, sólo que a partir de un enfoque fenomenológico, a partir del propio recorrido de la experiencia. Lo que entonces pudo parecer una tesis lógico-abstracta sin aval suficiente en la realidad concreta y empírica ahora encuentra su razón de ser en esa misma realidad, y con ello la prueba que demuestra la verdad de nuestra afirmación. Hemos partido de un plano sumamente abstracto, anticipando entonces la tesis general de este *tratado*, después de un comienzo en el que tomábamos como punto de partida el fenómeno mismo del «amor-pasión». Ahora nos encontramos con esa idea teórica suministrada por la propia experiencia: nuestra crítica de la fenomenología hegeliana de la «autoconsciencia», en su dialéctica con el deseo y con la vida, nos ha proporcionado la Idea que precisábamos: aquella que afirma la unidad sintética del duelo a muerte y del dúo de amor. En esta

Idea vemos, pues, en la «esfera terrestre», concretada la idea teológica que enuncia la síntesis del amor y de la muerte en la idea de Pasión, la que expresa la nota esencial de la divinidad. Esa idea de Pasión constituye la conciliación de amor y muerte —y en el territorio fenoménico, la síntesis del dúo y del duelo, expresado por la triangularidad y reflexividad de la pasión—. Ese momento de la conciliación es ya la pasión en y para sí, la tercera figura, comunitaria a la vez que social, en la que la divinidad pasional se expresa: es el reino del Espíritu. En lo que sigue deberemos demorarnos en ese reino de la tercera persona de la Santísima Trinidad. En el buen entendido que el triángulo plenamente asumido reproduce la triangularidad esencial del ser divino, rubricada por su naturaleza pasional.

Empleando terminología estructuralista podemos hablar de la distinción en el seno de la pasión entre estructura superficial y estructura profunda de la misma. La pasión se nos muestra en el *corpus* visible, de una determinada manera, a saber, bajo la forma *o bien* del duelo a muerte *o bien* del dúo de amor. Se nos muestra asimismo en conjuntiva síntesis de ambas relaciones, pero de tal manera que la atención queda galvanizada por una de ellas, que acapara el interés marcado de la escena. En el orden de la estructura superficial, ambas relaciones, las que configuran el duelo y el dúo, aparecen escindidas, o aparecen de tal manera que una queda subordinada a la otra. Vimos cómo en Hegel se destacaba el duelo a muerte y quedaba tachado de su texto el dúo de amor; insinuamos cómo los románticos destacaron y marcaron el dúo de amor, tachando el duelo a muerte en un rechazo general y abstracto del universo social. O se marca positivamente la comunidad amorosa a expensas del universo social (mundo del Día de Tristán). O se marca positivamente la sociedad civil y estatal a expensas de la relación amorosa. O se funda una intersubjetividad dual que intenta vanamente «poner fuera de juego» al Mediador social (al «socio»), o se funda una intersubjetividad social que intenta vanamente borrar el contenido amoroso (homosexual y heterosexual, bajo todas sus variantes y gradaciones) que allí está siempre en juego.

La estructura profunda de la pasión constituye la síntesis conjuntiva de ambos haces de relación, las que cristalizan en el duelo y en el dúo de amor. En el orden de la estructura profunda, duelo y dúo constituyen una sola malla compleja de relaciones que sólo superficialmente y a nivel consciente puede ser desglosada y escindida. De hecho, duelo y dúo componen la estructura elemental profunda que permite infinitas variables o figuras en las cuales se entreteje en tupida red la multiplicación de duelos y de dúos, o de duelos-dúos que configuran el universo comunitario y social. El carácter antagónico de toda relación amorosa viene prefigurado por la idea de duelo a muerte, que dialectiza desde dentro el propio dúo de amor. El carácter amoroso de toda acción violenta, incluso criminal u homicida, dialectiza desde dentro el duelo a muerte, revelando en su seno un latente dúo de amor. De hecho, ambas relaciones son dialécticas, y cada una de ellas es posible encontrarla en el seno de la opuesta. No hay dúo de amor sin lucha a muerte, cosa que leyenda y poema escenifican de continuo, sea bajo la forma de *Combatimento* entre el héroe y la heroína, sea bajo la modalidad agresiva que todo comercio erótico y sexual presenta. Figuras del dúo de amor sobredeterminadas por el duelo a muerte serían, a este respecto, las parejas de Tancredo y Clorinda, o de Aquiles y Pentesilea, por no hablar de Romeo y Julieta, la cual pareja, a diferencia de las anteriores, no se inviste del carácter mismo del duelo sino que destaca su pasión sobre el horizonte del duelo a muerte característico de las estirpes atávicamente enfrentadas. En un duelo a muerte entre dos generales que llegan incluso a respetarse, a admirarse, a «amarse» secretamente, puede advertirse en ocasiones incluso en el orden guerrero y militar más próximo, el secreto que subyace a toda caballería, en la cual la violencia encarnizada expresaba también reconocimiento y juego. Un juego que es juego del poder. De hecho la estructura elemental completa la componen los caballeros enfrentados en torneo y la dama que presencia el combate desde la barrera. Se trata, en consecuencia, de una estructura *escénica* en la cual cada uno de los protagonistas asume una posición, un papel, una máscara: un ojo que ve, una mano alzada homicida y una víctima real o virtual. Podría llamarse a esa escena, *escena primordial.* La mirada atónita del niño, real o soñadora, inmóvil ante la escena que presencia y revive en la fantasía, en la cual advierte acaso los genitales paternos atravesar las supuestas nalgas maternas en un *coitus a tergo more ferarum* sería acaso el contenido latente de lo que, en figuras de leyenda y en páginas de literatura y de historia, da lugar al despliegue orquestal de los contenidos manifiestos. El sujeto percibe ahí a la vez una agresión y un goce sexual, una violencia y una satisfacción, en necesaria intrinsecación. De hecho el niño se predispone entonces a una relación de rivalidad con el agresor, que no excluye el deseo sexual de ser satisfecho por éste.

El sujeto del deseo se halla referido a un contenido ilusorio e insustancial, sin correlato físico, real, producto de la propia subjetividad escindida de lo objetivo: de ahí que persiga fantasías o se halle polarizado por fantasmas. Su objeto es, pues, objeto *del* sujeto, su contenido real es interno a la propia mónada subjetiva. Esto se pone máximamente de manifiesto en el sueño, que es siempre expresión del deseo del sujeto, mostrando la naturaleza, inmanente al propio sujeto, de ese deseo y de esa expresión. El carácter ilusorio de esa fantasía se demuestra en el desconocimiento que tiene el sujeto del deseo de la estructura que lo soporta, de cuya triangularidad ha sido siempre borrado uno de los ángulos del triángulo, de manera que el sujeto del deseo se hace siempre la ilusión de una relación dual, sea bajo la forma del dúo de amor, en el deseo preferentemente erótico, sea bajo la forma de duelo a muerte, en el deseo preferentemente tanático. El otro término dual queda borrado y permanece inconsciente. De ahí el carácter siempre disfrazado y camuflado de la expresión del deseo, que «elabora» o «trabaja» los contenidos latentes en una *performance* representativa en la que se destaca un aspecto de la misma a costa de otros aspectos, que, sin embargo, aparecen de forma indicial.

El sujeto pasional, por el contrario, reconoce, explícita o implícitamente, en el saber o en la praxis, esa triangularidad posicional a través de la cual se organiza el contenido pasional bajo la forma de una estructura.

Pero trasciende el plano de la organización y de la estructura, acertando a comprender lo que subyace a dicho plano, el dinamismo sustancial de carácter fluido, dinámico y pre-estructural, la *fuerza* que origina y se concreta en posiciones y papeles, componiendo organizaciones y estructuras. El sujeto pasional quiere ante y sobre todo ese fluido, o constituye a ese contenido en objeto propio de su pasión. Eso es tanto como decir que la pasión se tiene por objeto, acertando a unificar lo que el deseo, en su triangulación inconsciente, escinde, y en su escenificación como deseo consciente tiende a dualizar.

La estructura triangular constituye entonces la *conjugación*, en todas sus variables modales, de esa pasión *infinitiva* que el sujeto pasional quiere como objeto propio. Éste, pues, tiene por idea adecuada el verbo infinitivo amar, querer o padecer, mientras que el sujeto deseante queda apegado o al *corpus* invisible estructural (apego que las filosofías del Deseo no hacen sino sancionar ideológicamente) o al *corpus* visible o superficial (apego que las filosofías de la «ilusión romántica», lo mismo que la inversión de éstas en el «realismo» hegeliano, sancionan con idéntica carga ideológica). El sujeto deseante queda, pues, atrapado en las *formas*, aparentemente sustanciales, en las que *cristaliza* el movimiento de inflexión gramatical del verbo querer, amar, padecer polarizándose en un *me quiere*, en un *le quiero*, en un *le quiere*, o en la lúcida elucidación de una estructura que, sin embargo, es erróneamente considerada como el *factum primum* el del elemento pasional (concebido entonces como deseo), en ignorancia de que esa estructura, a la que se concibe como causa inmanente y metonímica, es de hecho efecto y producto de la productividad primera que introduce la pasión en el mundo, que se concreta ante y sobre todo en esa estructura subyacente, la cual es, por esa razón, efecto primero, producto primigenio, nunca causa primera o última. En este punto, como señala debidamente Derrida, debería el estructuralismo des-fondar la idea de forma o de estructura en la idea fundante de fuerza, a lo que cabe añadir que esa fuerza no debe concebirse como productividad, al modo como la concibe Gilles Deleuze (como producción deseante; tampoco como productividad textual), sino como pasión y padecimiento, concebidos en sentido infinitivo (amar, querer, padecer) que da lugar, como efecto del propio infinitivo, a la productividad. Toda nuestra crítica de la primacía consagrada por la tradición a acción y producción sobre padecimiento y pasión, y en particular nuestra crítica del spinozismo, se desvela, en el contexto polémico actual, como una crítica de esas filosofías neospinozistas que introducen como *deus ex machina* de sus construcciones la Idea de Producción o la Idea sintética de Deseo y Producción (las «máquinas deseantes» de Deleuze y Guattari). Frente al formalismo logocéntrico de un Lacan, creemos que aciertan Derrida y Deleuze-Guattari en introducir un término causal previo a la estructura en una fuerza concebida como fuerza productiva. Pero cabe retroceder lógicamente hasta encontrar lo que hace que esa productividad sea productiva, lo cual, es, a mi modo de ver, lo que en este *tratado* determino como pasión. El esquema por nosotros defendido incorporaría, pues, esas reflexiones, pero concebidas más radicalmente y de forma unitaria, edificando todas ellas en una jerarquía teórica que mostraría el lugar que debe ocupar cada una de esas Ideas. El esquema sería, más o menos, del siguiente tenor:

PLANO CAUSAL:
[Pasión (infinitiva) → Producción (infinitiva)] → [Estructura subyacente: *Efecto o inscripción primeros*, entrelazamiento de la relación de duelo y de la relación de dúo (*Eros* y *Tánatos* expresados en relaciones primeras)] → [Estructura superficial: *Efecto o inscripción segundos*: orden modal de expresión de esas estructuras elementales (orden comunitario y social).]

En esas formas, pretendidamente sustanciales, cristalizaría, por tanto, el movimiento de inflexión gramatical del verbo querer, amar, padecer, polarizándose en un *me quiere*, en un *le quiero*, en un *la quiere*, quedando fetichizados los pronombres *Yo*, *Él*, *Ella*, y las inflexiones verbales, sin comprenderse la sustancia infinita, infinitiva, subyacente a ese despliegue de modos verbales y de tiempos y personas también verbales.

El sujeto pasional quiere esa sustancia infinitiva e infinita. Su infinito es un infinito verdadero, a diferencia del «infinito malo» que, en *regressus* nunca satisfecho, persigue siempre el sujeto del deseo. Pero puede suceder —y eso sucede en la forma primera de mostrarse la pasión, en la leyenda de *Tristán*— que ese querer que sólo quiere quererse, en razón de cuanto encierra de negatividad respecto al universo *formal* de las cristalizaciones gramaticales, subraye lo que tiene la pasión de destructiva respecto a ese universo, sin ser capaz de reconstruirlo desde la propia fundación pasional. De ahí el carácter salvajemente antigramatical que subyace a la leyenda del *Tristán*, carácter genialmente destacado por Wagner en su ópera. Tristán e Isolda basan su subversión no tanto en su condena del Día y de los valores del *Saeculum*, ni siquiera en su condenación general del mundo, o en su deseo por sumergirse en el reino de la noche, o en su invocación a ésta para que caiga sobre ellos y los acoja en su seno. La subversión más profunda de valores la establecen respecto a las estructuras gramaticales del lenguaje, estructuras que producen el efecto de un mundo real de cosas o sustancias cristalizadas, inclusive el espejismo de un mundo de mónadas o de «personas». De ahí su atentado contra la cópula gramatical, contra la conjunción copulativa «y» *(und)*, la que une y separa a un tiempo a Tristán *de* Isolda. Quieren, pues, destruir esa cópula. De ese modo persiguen la fusión en eso que subyace a toda estagnación en formas y en figuras gramaticales. Pero al no saber recomponer desde ese sustrato pasional el mundo, edificándolo o reedificándolo a partir del contenido desvelado, corren el riesgo de perder ese mismo contenido en lo que tiene de fluido, de movimiento, de dialéctica de lo uno y de lo múltiple, borrando la multiplicidad en aras de una Unidad negativa o esencial que posee, todavía, un carácter retardatariamente formal, griego y neoplatónico, punto este subrayado por quienes, como Denis de Rougemont, acaso ilegítimamente, pero sin faltarles cierta razón en ello, señalan el neoplatonismo implícito en el drama de Tristán e Isolda.

Algo muy distinto es, en efecto, *querer querer* y querer lo Uno (en donde el propio querer queda superado y disuelto). La pasión es un infinitivo reflexivo que no puede compadecerse con un objeto trascendente del orden del Uno negativo. La sustancia de la pasión es inmanente y no puede ser superada en un orden que la exceda o la rebase, al modo de la dialéctica del alma y del bien (más allá de toda esencia y sustancia) que plantea el platonismo.

La consumación de la pasión consiste, pues, en la edificación de un universo múltiple de variaciones abiertas y desplegadas a partir de esa sustancia pasional, asumida en su carácter reflexivo, dialectizada en la triangularidad que la constituye como estructura. La pasión autoconsciente y consumada sería aquella que recorrería todo el silogismo que tiene por premisa el infinitivo reflexivo amar, querer, padecer, y por consecuencia las formas gramaticales en que se expresa, su *performance* en modos, tiempos y personas gramaticales.

A esa pasión que *carga* con el mundo, en relación abierta y positiva hacia él —esa pasión que *es en el mundo*— debe llamársele *pasión comprometida*. Desde el abismo destructivo y negativo de la subjetividad, corrosiva de toda cristalización en formas sustanciales, en personas gramaticales o en tiempos verbales, se yergue hasta reconstruir o reedificar esas mismas formas, personas y tiempos, sólo que en asunción plena de su carácter posicional, relativo y derivado. Puede decirse que la pasión comprometida es, por lo mismo, la pasión capaz de jugar, siendo como son siempre juegos gramaticales los que constituyen la *performance* de la pasión.

Al plantear el esbozo de la estructura teórica que me permitiera pensar la pasión tuve que confrontarme con algunas tesis filosófico-teológicas sobre la naturaleza divina, en el curso de la cual confrontación reinterpreté algunos de los contenidos esenciales de la teología cristiana, en especial la idea de amor, definitoria según san Juan de la esencia de la divinidad, y la idea de muerte (muerte de Dios), determinante de la naturaleza de un Dios que no es prioritariamente activo y creador sino receptivo y pasional. Respecto a la naturaleza escindida y diferencial de esa divinidad, pensada por Hegel bajo la categoría de un Absoluto escindido, mostré la supremacía de esa representación sobre la concepción griega de la unidad y unicidad del ser divino, incapaz de integrar en su propia esencia el elemento diferencial, el reino de la diversidad, del movimiento, del no-ser, o sólo capaz de incorporarlo a través de conceptos insuficientes (participación, relación de ejemplaridad entre el modelo y la copia, analogía, dialéctica «formal» de las Ideas o de los Géneros supremos). El Dios cristiano, en su designio interno, no es, por vocación, por tendencia, un Dios determinado por la Unidad o la Unicidad. Se halla, pues, en las antípodas mismas del Uno parmenídico-platónico o neoplatónico, por mucho que la tradición teológica lo haya sincretizado, una y otra vez, con esta representación alógena. El Dios cristiano nada tiene que ver con el Dios griego: es, para el pensamiento pagano, locura y necedad, idea valientemente afirmada por san Pablo de manera tajante y sin paliativos. En este *tratado* intentamos, difícilmente, recuperar el aliento originario de una idea tradicionalmente diluida y diezmada por la hegemonía arrasadora del pensamiento griego —y en general pagano— que el cristianismo, con suma dificultad, comenzó a pensar. El Dios cristiano, en efecto, es un Dios que se humaniza, terrenaliza y muere, es un Dios mortal que encierra en su esencia la muerte como determinación propia y adecuada. Es un Dios que padece y sufre, un Dios que duele y pena de sí mismo. Un Dios dividido y partido, un Dios *roto*. Esa representación mítica del Dios partido puede, sin embargo, pensarse en Idea, concebirse ontológicamente como dualidad terminal del ser y de la nada, como doble componente —de ser y nada— constitutivo de las cosas.

Quedó sugerido en páginas atrás el correctivo dualista respecto a la representación ortodoxa monista que habla del único Dios creador —creador del mundo a partir de la nada, *ex nihilo*—. En la concepción tradicional-ortodoxa Dios aparece como único principio y causa productiva de todas las cosas; y la nada como idea límite expresiva del horizonte desde el cual ejerce Dios su creatividad. Cumple esa nada la función constructiva de establecer y marcar la diferencia *trascendental* de Dios respecto al mundo por él creado. Pero el estatuto ontológico de esa nada subsiste, al asignársele esa función, indeterminado, al modo de eso *impensado* que permite pensar el ser de cada cosa. Mediante ese expediente al cristianismo, sin embargo, trae de forma efectiva la nada al mundo, iniciando de esa suerte una reflexión que, sin embargo, en la ortodoxia queda sólo incoada. Como si el cristianismo se hubiera asustado de su propio descubrimiento abismal, el descubrimiento de una nada real, efectiva, positiva y creadora. Una nada de la cual nace, positiva, efectivamente, *nada*, infestando el mundo de nihilidad, carencia y deficiencia. En el prólogo al evangelio de san Juan comparece, espléndido, el dualismo interno a la reflexión cristiana, dualismo que en la tradición cátara del siglo XII es desvelado con enérgica rotundidad. En el principio hay, pues, «dos principios», el ser, la nada, de los que se habla en términos de dualidad entre la Luz y las Tinieblas, entre el Amor y el Odio, entre la Vida y la Muerte. La naturaleza misma de la divinidad viene marcada por esa dualidad, que debe pensarse como determinación intrínseca de su esencia. Llevar hasta las últimas consecuencias esa idea conduce a pensar a Dios como principio escindido y dual que totaliza Amor y Odio, Luz y Tinieblas, Vida y Muerte.

Conviene, sin embargo, en ese punto, despejar la unilateralidad cátara tendente a pensar *moralmente* esa dualidad (en términos del Bien contra el Mal), pese a que, en profundidad, puede leerse o interpretarse la ontología implícita en el catarismo como una reflexión, más allá del bien y del mal, sobre el doble componente vital y tanático (o de ser y nada) constitutivo de un dios inmanentista que se modaliza, modifica o expresa en entidades singulares donde coagulan y cristalizan, combinados, dosificados, ambos principios hermanos y antagónicos. Puede, pues, afirmarse que los dos principios componen los principios trascendentales que hacen posible la constitución de objetos empíricos, que son expresiones de la esencia misma del Absoluto escindido o del Dios dividido y partido.

Porque ese Dios está dividido puede ser *afectado*. Pero afectado por lo radicalmente ajeno, otro o extranjero (y no, sencillamente, como en Spinoza, por sus propias modificaciones y modalidades). *Esa afección por lo diferencial es lo que en este tratado denominamos pasión*. Porque Dios es extraño a Sí mismo en su esencial división, por esa razón padece: duele y pena esencialmente respecto a la parte separada de sí mismo; es, en su esencia, figura de infelicidad y desventura. Porque Dios está extraviado de sí mismo, por esa razón se busca, se anhela, se persigue. Y en consecuencia sufre. Sólo que estas determinaciones que pueden parecernos negativas son positivas (sólo nuestro helenismo incorporado puede hacernos concebir esa «pena» o esa «infelicidad» como imperfección, como negatividad). Llegamos así a la Idea que constituye el hilo conductor y el leitmotiv de este *tratado*: la idea de un Dios sufriente y pasional, la idea del Dios-Pasión (la pasión como determinación y nombre propio constitutivo de la divinidad, la Pasión elevada a reflexión ontológica y teológica).

No se puede tratar todo a la vez, sobre todo si la materia es extremadamente compleja e intrincada, tanto más cuanto que pesa sobre ella el conjunto de tratamientos previos cuyo carácter insatisfactorio determina, en parte, mi decisión de tener tratos con ella a partir de mis propias experiencias y reflexiones. Por esta razón procedo, en el curso de este escrito, destacando aspectos del tema de forma primero unilateral, revelando un lado esencial de la cuestión, atendiendo a la marcha misma del texto para que se produzca la revelación de otros lados que deben tenerse asimismo en cuenta. De ahí, por ejemplo, que al principio de este escrito señalara un número determinado de rasgos definitorios del amor-pasión tal como se escenifican en la leyenda de Tristán, pero sin presentar, entonces, otros rasgos, que en las páginas precedentes han ido apareciendo, que obligan a tomar distancias críticas respecto al contenido pasional de la leyenda, mostrando lo que en ella hay también de unilateralidad e insuficiencia respecto a la realidad plenamente desplegada y consumada de la pasión. Esas insuficiencias no podían ser presentadas al principio, en razón de que me interesaba destacar lo positivo que se ganaba de ellas (o a pesar de ellas) respecto a otros contenidos éticos (así por ejemplo respecto a la llamada «ideología espontánea del filósofo») con relación a los cuales quería mostrar su carácter subversivo y crítico. Procedo, pues, de forma dialéctica, según el concepto hegeliano de refutación, que obliga a desarrollar plenamente aquello mismo que debe ser refutado, revelando la verdad —parcial, pero importantísima— que encierra. De este modo he procedido respecto a la gran leyenda del amor-pasión, que he ido mostrando a la vez en su verdad y en su falsedad. Esta última se nos ha revelado en las páginas anteriores, en lo que tiene dicha leyenda de subrayado puramente negativo respecto al mundo comunitario y social, pero sobre todo en lo que tiene de asunción dislocada y «evasiva» del compromiso pasional, clave desde la cual debe entenderse la citada condenación del Día, ya que ese compromiso se produce, como hemos visto, en virtud de la ingestión de un filtro o bebedizo, no en cambio en razón de una moción espontánea del ánimo. Sólo en el alma de Isolda pudo entreverse esa moción espontánea, en tanto advierte los «bellos ojos» del héroe malherido. En este punto hemos procedido también de forma fenomenológica y dialéctica, mostrando en primer lugar la revelación en el sujeto Isolda de esa presencia muda o de esos «ojos ciegos» que son los «bellos ojos» del héroe, mostrando el carácter de protocolo primero de experiencia de esa singularidad que se presenta a la consciencia de la heroína. Pero en el curso de nuestra reflexión se ha desvelado toda la complejidad de una situación que sólo parcial y amputadamente aparecía como la presencia muda y silenciosa de unos «bellos ojos». En el curso del escrito estos ojos han comenzado a animarse y a expresarse, revelándose primero como «ojos ciegos que miran», al modo de doble especular de la propia consciencia del sujeto, y en segundo y decisivo lugar como *otros* ojos que *también* miran, desde más allá del espejo, repitiendo, desde su lugar plenamente diferencial y «libre», la propia mirada lanzada por la heroína hacia el héroe. Entonces apareció una realidad compleja, *comunitaria*, en la que lo que mira la mirada de la heroína no es ya la forma bella, estética, del personaje, sino un nivel más profundo de lo estético que brota de las aguas o de los manantiales profundos de la subjetividad, de lo *ético*, en tanto es una belleza que nace de la *relación* entre las dos miradas que se *miran* y no de la contemplación de un objeto o de una forma bella a partir de un sujeto que no reconoce aún, en lo que tiene ante sí, otra autoconsciencia, otra subjetividad. Decía Hegel que el deseo adecuado al sujeto autoconsciente es otro sujeto autoconsciente. A lo que hay que decir que el arte alcanza en ese encuentro, en esa relación, su consumación, a la vez que su «superación»: el estadio estético se empina por sobre su propia limitación hasta trabarse en profundidad con lo ético. El error hegeliano y kierkegaardiano consiste en no haber sabido encontrar en esa superación el momento del mantenimiento, en no haber concebido la máxima verdad y consumación del arte en ese terreno ético en que se encuentran los sujetos, o en no haber comprendido, por apego al modelo griego de estética y de arte, el carácter *relacional* del arte, en el cual importa menos la contemplación de formas que la producción de relaciones, de relaciones pasionales. De hecho, toda verdadera relación pasional se da cita con el arte, se expresa en forma artística, sólo que esa artisticidad rebasa el marco estrecho y limitativo de una estética formal y objetual, contemplativa e intelectualista.

El carácter artístico de una verdadera relación amoroso-pasional estriba menos en el carácter *bello* de la forma de uno u otro sujeto y mucho más en la expresividad resuelta en acciones en la cual discurre la relación bajo la forma de una *historia*. Lo que puede ser artístico, bello y hasta sublime, es la historia. Debe entenderse por historia, en sentido riguroso y serio, el conjunto de figuras y posiciones entrelazadas a que da lugar el desencadenamiento dinámico de una relación entre dos sujetos que *se quieren* (en el sentido reflexivo-recíproco que en este *tratado* damos a esta expresión). Se trata de un *proceso* en el cual van articulándose, paso a paso, gradualmente, todos los componentes virtuales, que llegan a expresión en la *performance* misma, procesual, de la relación. Quienes hoy quieren revocar la historia (pienso en Cioran o en mi amigo Fernando Savater) deberían, creo, repensarla y recrearla desde esta *idea*, que aquí sugiero, que intenta salvarla desde el ángulo en que creo que puede ser salvada, el ángulo de la pasión. Entiendo, pues, por historia la historia pasional, cualquier historia realmente pasional, siendo por tanto *histórico*, en el sentido de «tiempo fuerte» que connota ese término cuando se emplea por narradores, historiadores y biógrafos, la irrupción del contenido latente pasional en el plano fáctico y existencial. Lo histórico es siempre pasional, cristalización de una pasión correspondida o no correspondida, poco importa que tenga su matriz en una «historia inmortal» a lo Orson Welles, en eso que suele llamarse, con propiedad, *historia de amor*, por mucho que se trivialice a veces al verterse la expresión al angloamericano, o en cualquier relación fuerte y pasional, sea la del caballero con su dama, sea la del héroe con su «patria». Importa subrayar el carácter de *relación* que muestra toda historia: ello nos fuerza a pensar a través de una difícil idea o categoría que exige destruir nuestras ideas cosificadas y sustancialistas. Así que avanzamos por el terreno de la subjetividad, la idea de relación se yergue como primera y esencial, por encima de cierta idea cosificada de sustancia, incluso de subjetividad. O bien esas ideas de sustancia y subjetividad deben ser concebidas desde esa idea de relación. En lo que sigue será preciso mostrar, en vivo, toda la carga subversiva, respecto a nuestras categorías lógicas tradicionales, de esta idea de relación, que, sin embargo, debe concebirse como categoría concreta y viva, encontrada fenomenológicamente en la experiencia, a modo de categoría lógica real y material que habla de contenidos, y no como suele concebirla la filosofía que en este siglo más enérgicamente ha subrayado su importancia, a la manera de categoría lógico-formal que establece nexos entre símbolos lógicos o matemáticos.

Entendemos, pues, por historia el *proceso* o *curso* en que se desarrolla la comunidad y sociedad (el «conjunto de relaciones sociales» en que, según Marx, la naturaleza humana se resuelve; añadiendo, sin embargo, un adjetivo que Marx a punto estuvo de pensar, pero que no acertó a concebir adecuadamente, el adjetivo *pasional*). Historia es el proceso que constituye el conjunto de relaciones sociales de naturaleza *pasional* que configuran lo que aquí llamamos comunidad y sociedad. En el buen entendido que Historia, así concebida, como Idea, constituye únicamente la reflexión a la que induce, como signo y como flecha dirigida al pensamiento, la trama concreta y viva de historias plurales y plenamente singularizadas en donde se consuman dichas relaciones pasionales. Historia con letra mayúscula es, pues, como todo lo mayúsculo, la Idea, que, sin embargo, no es conceptual ni abstracta, por cuanto (cual sucede con otras ideas que en este *tratado* aparecen, así la de singularidad, la de pasión, la de totalidad o la de Dios) son *encontradas* en el curso mismo de la experiencia, sugiriendo, al ser pensadas, un pasaje a lo que aquí entendemos por *teoría*, que es el plegamiento de lo empírico-real al pensamiento, que así aparece como razón receptiva y pasional, abierta al mundo, en encuentro dialéctico con éste. De esa Razón decimos que *trata* al mundo: tiene *tratos* con el mundo. De ahí que esa Razón, que no nos cansamos de reivindicar, se manifiesta bajo la forma de un *tratado*.

Nuestro enfoque fenomenológico-dialéctico nos permitió avanzar de la unilateralidad subjetiva y monádica enfrentada a una revelación singular en forma de presencia objetiva, a la reciprocidad de dos mociones singulares que se encuentran *(los ojos que miran unos ojos que también miran)*. Pero también este avance mostraba su unilateralidad, en tanto dejaba oculta o en la sombra la serie de «terceros ojos» que sobredeterminaba esa mirada recíproca entre los amantes. En el extremo aparentemente opuesto de esa experiencia amorosa cristalizada en el dúo de amor llegábamos, de la mano de Hegel, a la verdad antirromántica del duelo a muerte entre dos sujetos que se encuentran, asimismo, frente a frente, sólo que, esta vez, al modo de polos de imán de idéntico signo, o dicho sin metáfora, a modo de figuras de la pasión de idéntico género sexual: un hombre frente a otro hombre, una mujer frente a otra mujer. De hecho, advertíamos, frente a las unilateralidades hegelianas y romántico-caballerescas, el entrecruzamiento de esos dos haces de relaciones hombre-mujer y hombre-hombre (o mujer-mujer), indicando el carácter estructural de esas relaciones entrelazadas, señalando la exigencia reflexiva de pensarlas unitariamente, a partir de una sola Idea que mostrara el vínculo intrínseco entre ellas. El fenómeno se nos mostraba como unos ojos que espían o que tienden emboscadas, mientras Tristán e Isolda se entregan a sus miradas recíprocas. Los ojos abiertos de Brangania, antorcha en mano en medio del reino de la noche, muestran especularmente esos terceros ojos que están al acecho bajo la forma de felones que traicionan al héroe, pretendiendo salvar aparentemente el honor del tercero en juego en esa relación, el rey Market. De hecho hay que decir que esa triangularidad de la mirada y del querer, esa pasión que dialectiza interiormente el dúo de amor y el duelo a muerte, determina la naturaleza compleja, comunitaria y social, de la pasión, que adquiere entonces estatuto consumado y desplegado, al tiempo que temperatura trágica, ya que toda pasión aparece entonces a la vez positiva y negativa, en términos de atracción y de repulsión, de amor y odio, de abrazo y de agresión frontal, en ese punto donde el umbral de la distancia del *ego* queda sólo rebasado por la caricia amorosa o por el puño sobre el rostro. Espada y pene muestran, en este punto, su conversión simbólica. Puede decirse de espada y pene lo que decían los escolásticos respecto a *esse et bonum*: que se «convierten» *(convertuntur)*. La vagina revela acaso su primordial esencia amazónica y legendaria de vagina dentada y de afilados colmillos. Siempre está, pues, presente el Mediador, a la manera de Ojo Divino incrustado en el triángulo en el cual suele representársele, debajo del cual puede leerse acaso «Dios todo lo ve». Siempre hay, pues, un tercero que está mirando, acaso desde una indiscreta ventana, recomponiendo, en la paz de su curiosidad obligada, todas las operaciones criminales de quien fractura en pedazos desligados el cuerpo mismo del delito. Por sociedad debe entenderse, en algún profundo sentido, esa totalidad sintetizada en el Ojo-que-espía, el conjunto de miradas difusas, disueltas en la atmósfera, a modo de espíritus invisibles o de bacilos infinitesimales que se resuelven en la operación de mirar, al modo de infinitos ojos microscópicos diluidos por el aire y por el viento, que persiguen y asedian, desde todos los ángulos de mira, la pareja recién constituida, el esbozado dúo de amor, el *romance*. De ahí la hiperreceptividad a este fenómeno de toda pareja recién fundada, su escisión espontánea y natural entre «nosotros» y la «gente». De ahí también su necesidad por encontrar espacios limitados y cerrados, cuevas de amor, espacios libres, viajes, *week-end*, intimidades de alcoba, diferenciando netamente el espacio íntimo, marcado como *espacio fuerte* o como espacio sagrado, del espacio externo y callejero, «la calle», marcado como espacio débil y profano. El enamorado, sin embargo, puntúa los espacios visitados en la relación como espacios sagrados (de ahí que su presencia insista y sea revivida en la memoria). Cada lugar de la calle que fue transitada constituye, entonces, huella mnémica marcada en el cuerpo externo, prolongación de la zona erógena del cuerpo propio, que entonces se expande por bares y por restaurantes, por hoteles y pueblos costeros, por países y ciudades exóticas, creándose así una *geografía pasional* sobre la cual se edifica el conjunto monumental de una historia, que es, en tanto historia pasional, historia monumental, llena de zonas sagradas pobladas por la relación y abiertas al cauce del recuerdo. De ahí el carácter fundacional de toda historia en sus orígenes, de manera que los tiempos primeros son decisivos, en tanto en ellos se configura el universo mismo de la memoria mítica, memoria que es siempre memoria del corazón.

Pero el Ojo Avizor de la «sociedad» insiste, destacando acaso otras miradas que están al acecho, las cuales no son precisamente externas a los sujetos, sino conectivas con su esencia inconsciente, de manera que una y otra vez resuenan, ora como instancias persecutorias, ora como tentación o solicitación a «otra historia», de manera que los enamorados se ven en la exigencia de traerlas a presencia, lo cual, por lo demás, se produce espontáneamente, abriendo el insidioso capítulo de los *celos*. Celos que, sin embargo, de sinuosa manera, dialectizan de tal manera el propio enamoramiento que puede llegar a afirmarse, con Proust, que en algún sentido misterioso ambos sentimientos se dan cita, a lo que hay que decir que Proust concibe el amor-pasión bajo la forma del deseo, ya que en la pasión plenamente desplegada (así en la pasión de Madame Renan respecto a Julien Sorel, o en la del Cónsul respecto a su mujer en *Bajo el volcán* de Lowry), ese determinismo es rebasado en un plano donde la pasión subsiste más allá de esas dialécticas, que, sin embargo, están siempre presentes. En esas altas figuras de la pasión, de una pasión madura y plenamente consumada, enamoramiento y celos se empinan por sobre sus propias limitadas fuerzas hasta ser pasión en todo el sentido explosivo que este expresivo término encierra. Las altas figuras de la pasión son las que se comprometen por entero y con todas sus fuerzas, hasta la muerte, hasta hacer de la pasión lo que este término encierra en sentido teológico. Más allá de toda dialéctica de enamoramiento y celos, Madame Renan ama hasta la muerte a Julien Sorel y se encuentra con él, en la vida y en la muerte, en el crimen y en el abrazo, a las puertas mismas del patíbulo. El Cónsul escribe a su mujer para que vuelva con él, a sabiendas de que, de esta suerte, abre la losa de su propio descalabro, hasta consustanciarse con la orografía volcánica que expresa su íntima naturaleza de apasionado en el amor. Estos amores están muy por encima de las figuras todavía truncas de la pasión que hasta ahora hemos recorrido, sean *Don Giovanni* o Tristán. Esas figuras señalan, mítica y legendariamente, el horizonte ético y estético, ontológico y teológico al cual queremos tener acceso: una idea de Pasión que exprese toda la carga semántica que encierra esa palabra, una idea de Pasión que sugiera el término Consumación.

De la categoría «sustancia» hemos pasado, pues, a la categoría «relación», en el buen entendido que esta última fecunda la primera, la cual, de ahora en adelante, adquirirá, al fin, sentido propio y adecuado, permitiendo una conceptuación —propia y adecuada— de la subjetividad, entendida como subjetividad pasional. El destacamiento de la idea de relación significa una reformulación de la teoría monadológica leibnizeana (o de la concepción goethiana del fenómeno originario, *Urphänomen*). Mónada, en sentido relacional e histórico, en sentido de relación e historia pasionales que aquí estamos concibiendo, significa el *proceso de sucesivas variaciones* a través del cual insiste, recurre o *repite complejamente* una «sustancia pasional», es decir, una relación o historia pasional desplegada. En el buen entendido que esa relación o historia consiste en la totalización del entrecruzamiento de haces de relaciones complejas que tienen por células elementales las relaciones aquí concebidas como dúo amoroso y duelo a muerte. Una relación, una historia, tipifica, por tanto, tres términos, que se reflejan y dialectizan en la medida en que en cada uno de ellos comparecen otros dos que median en él y sobre él, al tiempo que opera la relación propia y destacada. Se trata de una relación marcada como presencia, así la de Tristán e Isolda, más haces de relaciones que la sobredeterminan, en el caso de Isolda las complejas relaciones con el padre y con la madre, con el falso pretendiente, con el dragón, con el futuro marido que le es asignado; en el caso de Tristán, con el padre real, muerto al nacer, lo mismo que con la infortunada madre, con el primer padre adoptivo, con su tío el rey Market, segundo padre adoptivo, con sus amigos reales o *felones*, rivales y compañeros de armas... Todo ello, entrecruzándose y sobredeterminando la mónada pasional que constituyen Tristán e Isolda en su peculiar relación hecha de encuentros y desencuentros. La pasión, en la medida en que no está plenamente formada y consumada, mantiene en sombras o en estado de latencia algún aspecto de esta compleja y sinuosa red o entretejido de relaciones entrecruzadas. La pasión en su consumación asume, acepta, incorpora, integra, da igual que de manera consciente o semiconsciente (se es lúcido en las acciones y en las expresiones, no en razón de las tomas de consciencia), la *totalidad compleja* que la relación e historia pasional constituye, de manera que se hace cargo de ella en su globalidad y en todos y cada uno de sus detalles, haciéndose por lo mismo plenamente mundana y terrenal, sin destacar abstractamente un aspecto de la misma por sobre los demás, subrayando el dúo amoroso y el reino de la sagrada noche por sobre el duelo a muerte con rivales que solicitan al héroe en combate abierto a la luz del día, o destacando, en cualquier caso, un aspecto de la totalidad compleja en aras de los demás. La pasión plenamente consumada constituye el *compromiso pasional*, el que se hace plenamente cargo de toda la carga, contracarga y sobrecarga que la pasión arrastra, la cual jamás brota de formas inocente y pura, a partir de ninguna tábula rasa, sino que se produce en territorios colonizados y conquistados, superpoblados, llenos de dificultades, ruidos, automóviles y griteríos callejeros. El abrazo de los amantes alcanza su estatuto emocionante en medio del festejo popular, cuando, perdidos Él y Ella en una procesión que tiene por marco la Italia meridional, no se sabe muy bien cómo ni por qué, en medio del gentío, ambos hallan al fin el sentido de ese emocionante *Viaggio in Italia*: no tienen más remedio que abrazarse. O se produce también en el seno inhóspito y sobrecargado de la *autopista del sur*, de manera que en esa ciudad improvisada que el embotellamiento atroz del *week-end* posibilita, Él y Ella encuentran un lugar para el amor. Estos ejemplos metaforizan lo que aquí queremos decir, que la pasión despunta siempre en espacios ocupados y sobrecargados, pues la realidad es el efecto que resulta de cargas, contracargas, sobrecargas y ocupaciones previas de naturaleza pasional, sólo que de pasiones desplegadas, cosificadas, convertidas en macizos pasionales, en masas pasionales, en *mundo de cosas*. Todos, todos los que virtualmente pueden llegar a crear una historia pasional están de antemano comprometidos con el mundo, lo quieran o no lo quieran, lo sepan o no lo sepan; están *casados* con el mundo; son, pues, si se me permite la expresión, seres *casados*, de manera que siempre todo despunte pasional se produce necesaria y obligadamente a contrapié, descolocando a ambos *partenaires* de la relación de aquel contexto en el cual se hallan inmersos, contexto que, sin embargo, siempre insiste, sobredeterminando todos y cada uno de los detalles del movimiento de la relación, inclusive condicionando y motivando el desencadenamiento de la misma. Los enamorados suelen reputar como insólita y extraordinaria la sensación que tienen: se quejan de que la pasión les coge en mal momento, descolocados; *si te hubiera conocido hace cuatro años, si nos hubiéramos encontrado cuando todavía creía en esas cosas...* De hecho, eso excepcional es la misma regla, que enuncia el carácter siempre inoportuno, siempre a contrapié en que se produce todo chispazo amoroso y pasional, que siempre es subversivo respecto al dato real en que se encuentra cada sujeto, forzándole y violentándole al encuentro de sí mismo, de su propia raíz pasional, producido en el encuentro y entrecruzamiento con el otro. De hecho, la violencia mayor estriba en que, en el instante en que surge una historia, puede decirse que los sujetos pierden el fijismo sustancialista que había resultado de sus propias motivaciones pasionales enfriadas y convertidas en cotidianeidad recurrente. De hecho, ambos sujetos salen de sí mismos (entendiendo que ese Sí-mismo es sólo el coágulo enfriado de pasiones previas) y hacen de sí mismos otra cosa que ellos mismos, en tanto que son protagonistas, lugares y posiciones de una *relación sustantiva*. Lo que es sustante, entonces, es la propia relación, la cual, *desde ella misma*, constituye a los sujetos, que son efectos y productos del movimiento pasional de naturaleza relacional. La historia, por tanto, se produce autónomamente, fijando, desde su contenido relacional, un lugar para cada uno de los miembros que la protagonizan. Uno es entonces fruto y efecto de su propia historia. Uno es, en general, el resultado o el efecto de las múltiples historias que hacen sobre él su trabajo y su labor. La identidad, la ipseidad, es el resultado de esa labor de historias y relaciones pasionales, sea en el registro del duelo o en el registro del dúo, o en el doble registro, plenamente asumido, de duelo y dúo que configura lo que aquí llamamos la consumación de la pasión, la pasión plenamente comprometida consigo misma y con el mundo.

Alguien sueña que está en una habitación grande y espaciosa en donde hay una gran cama; la habitación está pobladísima, ocupada por muchos individuos que hablan entre sí, discuten, sonríen, hacen referencia a raros negocios, tienen entre sí largos conciliábulos y acaloradas disputas; el propio sujeto que sueña anda por ahí, en consciencia de que esa habitación es su propio dormitorio; a través de ese gentío busca a alguien a quien no encuentra; sucede a este escenario un segundo escenario en el cual se dibuja ante los ojos del sujeto soñador eso que busca y no encuentra, una habitación en la que se halla él con una mujer iniciando una relación erótica; la habitación está cerrada con llave, inclusive preservada por siete puertas que impiden, al parecer, ningún acceso; y, sin embargo, comienzan a sonar ruidos de cerradura y llaves que quieren forzar aquel lugar; un vendaval huracanado abre de par en par las puertas de la alcoba y aparece, de pronto, toda esa masa de personajes convertida en un gigante monstruoso y peludo que perfora con la mirada a los amantes, mostrando acaso un puñal reluciente o una sierra en la mano derecha; el soñador es acaso ese mismo monstruo peludo, reconoce en él su propia naturaleza escondida y tachada, su existencia nocturna de doble del *Doctor Jekyll*. La mujer confiesa al soñador, protagonista de la escena, en el instante en que éste comienza a penetrarle en la vagina, haber tenido esa misma mañana de domingo otras siete relaciones, acaso setenta o hasta setecientas, con otros hombres habitantes de la ciudad. Y bien, en esas penosas condiciones despunta el deseo, se despliega la pasión y alcanza su consumación en tanto asume éstos u otros similares cuadros oníricos en los cuales la pasión se hace *figura*. Concebir de otra manera la pasión significa desconocer el complejo y tupido entrecruzamiento de sujetos que están en juego en ella, los complejos haces de sentimiento que en ella cristalizan. Lo único que importa es que la pasión se juegue, se reproduzca en el juego y se comprometa, hasta la consumación, en dicho juego. Da igual que juegue con armas acariciadoras o mortíferas, de hecho ambas armas están presentes, da igual que sugiera envenenamientos o delicias, de hecho toda pasión es a la vez venenosa y deleitosa. Doctores tiene la ley para extraer interpretaciones ad hoc respecto al cuadro onírico que aquí presento, para solaz propio y ajeno, en la esperanza de que sólo pintando con trazos vivaces la pasión puede alcanzarse la Idea de la misma, la cual, lejos de abstraerse del propio caso, sólo puede llegar a ser Idea por ahondamiento de la patología y casuística que uno, en su singularidad, constituye. La pasión consumada es la que se hace plenamente cargo del propio caso y de la propia patología (entendiendo por *patología* la singularidad de cada naturaleza pasional, la *ratio* de cada *pathos* singular, la pauta interior de la propia historia pasional). La pasión consumada es la que carga con todos los contenidos complejos concomitantes que sobredeterminan, definiendo, el propio contenido pasional o patológico, el cual, en esa afirmación plena y sin sombras, alcanza su propia expresión plena, su despliegue, su razón de ser y su justificación ante la vida. Esa pasión consumada constituye el pináculo mismo de lo que en este *tratado* denomino poder, *puissance*, poder propio. Y por lo mismo virtud, *virtus*, virtud propia. El ser más poderoso es aquel que alcanza a consumar su propia patología, aquel que llega al encuentro, nunca susceptible de agotamiento, con el propio *pathos*, eso que en *Meditación sobre el poder* llamaba, en términos spinozistas y leibnizeanos (a caballo entre spinozismo y leibnizeanismo) *esencia propia* (esencia que nada tiene que ver con el concepto aristotélico de esencia). La pasión y el poder sin sombras es aquella pasión y aquel poder que no mantiene en latencia, negado, tachado, rechazado o devaluado, un aspecto o un lado de la complejidad constitutiva de la propia patología. En la pasión consumada se disuelve la dualidad de la luz y de las sombras, del orden del Día y del reino sagrado de la Noche, se disuelve la dualidad romántica y realista, la dualidad entre evasión pasional a la noche del amor y compromiso unilateral con el mundo social, político, estatal. La pasión consumada carga con comunidad amorosa y sociedad fraterna, con duelo y dúo, con amor-pasión, con amistad, con homosexualidad y con heterosexualidad. Constituye el lugar encumbrado de toda reflexión ética, el «valor máximo» que ésta puede señalar, el horizonte mismo que da sentido a una existencia, la meta que debe lucharse, sin descanso, infatigablemente, por alcanzar, pues sólo en ella puede decirse que hay salvación.

... Pero la casa estaba en llamas, según podía verlo ahora desde el bosque, desde lo alto de los escalones, oía la crepitación, estaba en llamas, todo ardía, ardía el suelo, ardía la casa y no obstante allí permanecieron un momento, Geoffrey y ella, en el interior, dentro de la casa, apretándose las manos y todo parecía estar en orden, en su lugar, la casa seguía allí, con todos sus objetos naturales, amados y familiares, salvo que el tejado estaba ardiendo y había este ruido como de hojas secas que pasaron rozando por el techo, esta crepitación mecánica, y ahora el fuego se extendía precisamente mientras ambos lo contemplaban, el aparador, las sartenes, la antigua marmita, la nueva marmita, la figura del guardián en el pozo hondo y fresco, la trulla, el rastrillo, el techo inclinado con sus tejas de madera en donde caían las flores de cornejo, pero en donde ya no volveríamos a caer porque el árbol estaba en llamas, el fuego se extendía cada vez más aprisa, ardían las paredes con sus reflejos a la manera de ruedas de molino, proyectaban los rayos del sol sobre el agua, las flores del jardín estaban ennegrecidas y ardían, retorcíanse, se enroscaban, caían, ardía el jardín, ardía el porche en donde solían sentarse en las mañanas primaverales, la puerta roja, las ventanas encajonadas, las cortinas que ella misma hiciera, ardía la vieja silla de Geoffrey, su escritorio, y ahora su libro ardía, las páginas ardían, ardían, ardían...

MALCOLM LOWRY,
Bajo el volcán

La pasión tiene ante sí dos senderos, sendero de la derecha y sendero de la izquierda. El primero conduce al paraíso. El segundo, al infierno. Nada ni nadie es responsable del camino que se elige (la elección es *inocentemente culpable*). Por el primer camino avanzan los elegidos. Es el camino áspero, encrespado, ascendiente de la virtud. Por el segundo camino descienden los reos, los delincuentes, los reprobados. No es camino sino atajo que baja por la pendiente hasta desembocar en el abismo. El primer camino conduce a la felicidad, a una felicidad duramente conquistada cada día a través de la vida en común, a través de la creación duradera de vínculos estables, a través de la organización de un universo fundacional de familia, tribu, municipio. El segundo camino conduce a la perdición. Andan por él los incendiarios, los saqueadores, los usurpadores, los intrusos, los ladrones, los criminales. Por donde caminan estos individuos no vuelve a crecer la hierba. Se trata de una doble estirpe pasional, la estirpe adamita prolongada por el justo y desventurado Abel y reconquistada por la sucesión de patriarcas elegidos. La estirpe cainita que esparce la semilla del mal por la faz de la tierra. *No hay moral que permita juzgar una estirpe como jerárquicamente superior a la antagónica: desde el criterio, desde la pauta de la pasión —criterio y pauta que mide verdad por intensidad, poder,* puissance— *ambas estirpes son necesarias y en ambas aparecen, desaparecen y reaparecen figuras de alta temperatura pasional.* El suelo de la estirpe elegido es la tierra prometida, el vergel, la casa pairal, la promesa de una fecunda descendencia, tan innumerable como las estrellas del cielo. La segunda estirpe padece insomnio: nace del incendio y del saqueo de *ese* sueño de felicidad.

En las páginas precedentes he trazado las estructuras elementales de la pasión, alzándome a una teoría general que determina lo universal y necesario. Ha sido, pues, un enfoque sincrónico el que me ha permitido hallar, en el entretejido que forman el duelo a muerte y el dúo amoroso, la ley y el orden que determina todo comportamiento pasional. Intentaré, ahora, particularizar o modalizar la teoría general prestando atención al orden diacrónico. De hecho el factor *tiempo* ha ido apareciendo en el curso de las últimas páginas, esbozándose en ellas la significación de lo que he llamado *historia pasional*. Pero la consideración ha sido, de momento, estrictamente formal y vacía de contenidos, con lo que es pertinente preguntar por modalidades concretas y diferenciadas de historia pasional. Con el fin de evitar que el particularismo nos conduzca, de forma directa o irresponsable, a una casuística que nos impida hallar regularidades y recurrencias, se hace preciso ahora indagar un orden en el acontecimiento, de manera que puedan trazarse sendas o recorridos generales, con validez común, del movimiento pasional. Ante nuestros ojos se ofrecen constelaciones varias y diferentes de lo que hemos llamado «figuras de la pasión», formas míticas y legendarias a través de las cuales reconocemos nuestra existencia pasional cotidiana, a modo de un trasunto realista y mundano de lo que Thomas Mann denomina la «esfera celeste». Cabe, sin embargo, diferenciar dos grandes galaxias o bloques de estrellas míticas en el seno de ese zodíaco. Usando otra metáfora hablaríamos de dos frondosos árboles, dos estirpes, que se hallan al final de dos senderos: sendero de la derecha y sendero de la izquierda, árbol del bien y árbol del mal, camino de salvación y camino de perdición. La existencia pasional concreta vive en la ansiedad y angustia constante de equivocarse de camino. La existencia pasional concreta es existencia angustiada, definiendo por angustia la indeterminación entre el camino de la derecha y el de la izquierda: ignora, en efecto, por qué camino está transitando. La existencia itinerante y peregrina —el *homo viator*— ignora, en tanto va caminando, cuál es el camino que recorre. De hecho ambos caminos se cruzan, se superponen, son paralelos en ocasiones, se diferencian, se vuelven a juntar. Los signos son siempre confusos respecto a cuál de ambos caminos se está siguiendo. A veces el camino de la perdición se presenta con los trazos característicos del camino de la salvación; y viceversa. Una elección de vida estable, organizada, una vida asentada en el orden cívico, ciudadano, familiar y estatal, la fundación de empresas, la metódica colonización de territorios, una finca, un jardín, un riachuelo, todos estos signos que parecen, en buena lógica calvinista, hablar de salvación —de una salvación predestinada— pueden mostrar a la larga cuanto en ellos había o hubo de espejismo, de vaciedad, de ilusión, de mentira. Una vida descarriada, errante, vagabunda constituye, a veces, la prueba, la penitencia necesaria para consolidar, pasados los años de andanzas y peregrinaje, un orden fundacional familiar, cívico, estatal. Los signos, pues, son confusos e intercambiables y sólo son verdaderos los resultados, los hechos. Y éstos se muestran siempre en los trechos finales del camino. La historia de Job es ilustrativa de cuanto aquí queremos decir; lo mismo puede decirse de la parábola del hijo pródigo. Hay, pues, dos grandes senderos de la pasión, cuya intercomunicación y eventual confusión no impide que, teóricamente al menos, podamos distinguirlos netamente. Sendero de la derecha, sendero de la izquierda, camino de salvación, camino de condenación. El primer camino tiene ante sí un hermoso jardín poblado de árboles, una casa, un riachuelo. Una cabaña, un hogar:

«Se alzaba sobre potentes pilotes de pino, entre el bosque de pinares y de alisos altos, altos, que se mecían, y de enormes y esbeltos abedules, y el mar. Un estrecho sendero serpenteaba por el bosque desde la tienda entre las frambuesas de color salmón y las frambuesas con forma de dedales y las zarzamoras que en las claras noches escarchadas de invierno reflejaban un millón de lunas; detrás de la casa había un cornejo en el que dos veces al año florecían innumerables estrellas blancas. Los macizos y las campanillas blancas crecían en el jardincillo. Había un amplio porche en donde se sentaban durante las mañanas primaverales y un muelle que se prolongaba hasta la orilla».

Al final del recorrido del primer sendero hay un lugar para el amor reposado y sereno. A ese lugar se le suele llamar *hogar*, por cuanto el fuego se halla en ese espacio domado, domesticado, puesto al servicio del hombre y de la mujer y de la estirpe que ambos comienzan a crear. Su símbolo material es la casa, en donde habita la pareja, una casa «pequeña, hecha con plateadas tablas de tejamaní curtidas a la intemperie y una puerta roja y ventanales abiertos al sol». Allí viven el hombre y la mujer, en ese sueño de amor que ella ha proyectado y él acaso ha consentido. Ella, Yvonne, «ve las cortinas que ella misma había confeccionado, el escritorio del Cónsul, su vieja silla (la predilecta), la cama cubierta de sarajes indios de brillantes colores, la luz amarillenta de las lámparas contra el extraño reflejo azul de las largas noches de junio...». Ese hogar, esa casa, ese jardincillo, ese Edén constituye el *sueño* que espontáneamente produce la pasión cuando discurre por el sendero de la derecha. Sueño de una tierra prometida, sueño de un paraíso que puede ser alcanzado:

«Y era posible. ¡Era posible! Todo aquello les esperaba. ¡Si estuviera sola con Geoffrey para hablarle de ello!».

La pasión, en su itinerario de la derecha, desea el paraíso. El objeto del deseo de esa pasión es el jardín del Edén. He dicho en la parte anterior que el deseo era el fenómeno de la pasión, el modo como ésta se presentaba. En el deseo estaba escindida y rota la mediación entre el sujeto deseante y el objeto deseado. En la pasión ambos términos son mediados y conciliados. El paraíso soñado es, por tanto, el término ilusorio que presenta la pasión cuando, discurriendo por el sendero de la derecha, se muestra bajo la forma de deseo. En general, allí donde hay sueño —y en consecuencia diferencia entre sueño y realidad— estamos todavía en el universo del deseo, no en el universo pasional. El sueño de Yvonne, fundado en la memoria de la pasión consumada en su relación anterior con el Cónsul —en los tiempos en que viajaban por España y se casaron— delata la naturaleza desesperadamente ilusoria y fenoménica de su deseo. Entretanto, el Cónsul ha retorcido su pasión paradisíaca perdida hasta trocarla en una pasión asumida y consumada de descenso por el camino de la perdición. Llega incluso a encontrarse «bien», «serenamente», en esa senda que le llevará inexorablemente a la muerte...

Los caminos de la vida no están trazados de antemano: no hay zodíaco que pueda determinar a priori el curso de los acontecimientos (ni magia astral ni predestinación divina). El problema del libre albedrío es un falso problema que dibuja como únicas alternativas dos opciones imposibles, libertad y predeterminación. En la búsqueda de una salida a este problema incorrectamente planteado la filosofía moderna tiende a pagar tributo a la diosa azar, confiándole cuanto no puede explicarse por una libertad que hace del hombre una divinidad en miniatura o por una predestinación que quiere borrar de la faz de la tierra todo rastro de incertidumbre. De hecho hay que situar el problema de la *elección* en otros términos a como suele plantearse. No depende de un sustrato subjetivo libre de determinaciones ni de una divina presencia que ordena de antemano los hilos de las marionetas del gran teatro del mundo. Pero tampoco es resultado o producto del puro azar, sin que pueda trazarse ninguna ley o regularidad antes de entregar la *elección* en brazos de esta despojada e indigente diosa. Ya que se acude muchas veces al azar (o a la «voluntad de suerte») cuando no se quieren apurar las capacidades racionales, cuando se dormita en una «razón perezosa» que delata, muchas veces, la indigencia de una previa razón ensoberbecida. ¿Qué es lo que se elige, por qué se elige lo que se elige? Conviene, antes de responder estos interrogantes, saber de qué elección estamos hablando, de entre qué términos se produce o puede producirse la elección. Ya hemos dicho cuáles son los términos a los que hemos dado el carácter figurativo y mítico de dos senderos, sendero de la derecha y sendero de la izquierda, camino de salvación, camino de condenación. Hemos dicho también que ambos caminos aparecían superpuestos y confundidos para la consciencia fenoménica itinerante, para el *homo viator*. Desde la perspectiva de la existencia finita sucede de hecho que el desvío de una senda a la otra senda es efecto y producto del azar, entendiendo por azar la ignorancia de las leyes ocultas que padece dicha existencia finita. En la novela *Bajo el volcán* de Lowry queda ilustrada a la perfección esa «fuerza ciega del azar» que determina los pasos de los personajes, conduciéndoles de una a otra senda, desviándoles de una ruta a otra, por razón de minúsculas determinaciones ambientales, aparentemente externas, cual pueden ser el cruce de un anuncio o reclamo, el presagio sombrío que lleva consigo la aparición de un muerto en el camino —de un «pelado»—, la electrizante presencia de fondo de los volcanes dormidos, Popocatepetl, Chimborazo, Quelnahuac, un viaje en tren, una corrida de toros, una estúpida discusión sobre política... Toda la novela está urdida de minúsculos retales de imagen, de discurso, de pensamiento interior, de sensación, de conversación presente y pasada, que de forma acumulativa, progresiva, en un ritmo trepidante y vertiginoso que se halla ocultado por la selvática madeja de miríadas de referencias concretas mínimas, va precipitando a los personajes, y en particular al Cónsul, hasta el fondo mismo del volcán, hasta la muerte. El azar domina la frase, el episodio particular, el párrafo. Pero la más estricta necesidad organiza la totalidad del *corpus* novelesco, que reproduce el carácter catedralicio del volcán (una catedral en llamas, una catedral con bóveda llameante).

Ahora bien, ¿puede afirmarse, en rigor, que el Cónsul ha sido condenado? ¿Puede decirse que ha «elegido» la senda de la condenación? Desde nuestra perspectiva terrenal, mundana, fenoménica, no cabe duda alguna de que ha elegido el infierno, donde llega a encontrarse extraña y paradójicamente «bien». Pero la novela se inicia con una cita del *Fausto* de Goethe que habla de una «esfera celeste» donde las perspectivas son otras que las terrenales, ya que desde el cielo (perspectiva que en el poema de Goethe se presenta como prólogo y como epílogo) puede afirmarse que todo aquel que se esfuerza será redimido, *Wer immer strebend sich bemüht, den können wir erlösen*, «a quien incansable se esfuerza, podemos concederle la salvación, la redención...».

Uno tiene en el animal totémico su signo de identidad. Esa identidad no está predeterminada; tampoco se construye «libremente» a partir de ningún proyecto existencial. Pero hay signos o jeroglíficos que indican oscuramente las orientaciones del destino, que permiten hablar de algo así como de un destino o una *moíra*: la ración o parte de sustancia que nos ha caído en suerte o mala suerte, libremente predestinada desde antes de nacer en la elección, por las almas, del *ethos* adecuado a cada una de ellas. Entre esos signos puede verse el animal totémico: un animal doméstico o salvaje que indica, de forma a veces confusa, a veces luminosa, la voluntad secreta o inconsciente del personaje, su voluntad de hogar o de extravío. Por el jardín «amplio y algo abandonado» pasean Yvonne y Hugh, teniendo, como siempre a lo largo de su deambulación tras el reencuentro de ella con el Cónsul, la figura de éste como referencia obligada. En medio del jardín apareció una niña, bajo los árboles. Jugaba con un pequeño animal: un armadillo.

«Cada vez que el armadillo echaba a correr, como si rodase sobre diminutas ruedas, la niña lo atrapaba cogiéndolo por la larga cola en forma de látigo y lo ponía boca arriba. ¡Cuán sorprendentemente suave y desvalido parecía entonces!»

No puede hacerse del armadillo un animal doméstico: no lo logrará domesticar la chiquilla y por eso quiere venderlo. «Algo sé sobre armadillos», comentó Hugh. «También yo —dijo Yvonne agitando la cabeza para burlarse...»

«Entonces debes saber que si sueltas esa cosa en tu jardín, simplemente abrirá un túnel en la tierra y nunca volverá...

... No sólo nunca regresará, Yvonne, sino que si tratas de detenerlo, luchará por arrastrarte a ti también al agujero.»

La identidad del Cónsul queda así determinada. En cuanto a la pasión de Yvonne: «siempre he soñado con tener una granja de veras, con vacas y puercos y pollos... y un establo rojo y silos y trigales y maizales...». La tragedia habla en términos de un enfrentamiento entre el sueño paradisíaco adonde Ella quiere conducir al Cónsul y el inexorable destino «de armadillo» del desventurado Geoffrey Firmin.

«—Pero ¿qué tal si Geoff detesta las granjas? A lo mejor lo enferma la simple vista de una vaca.

—Oh, no. En otras épocas hablábamos a menudo de tener una granja.

—... Nunca hubiera pensado que sería un buen momento histórico para comenzar prosperando como terrateniente, pero tal vez así sea. ¿Dónde estaría la granja?

—Bueno... ¿qué nos impediría ir al Canadá, por ejemplo?»

Un desfile de posibilidades geográficas se despliegan, de pronto, en la conversación, seria e irónica, de los cuñados que alguna vez fueron falsificados amantes: Siberia, una isla en Columbia Británica, una isla en el mar arábigo, el lago Pineaus. O bien el Río de los Pescaditos y el Lago de la Cebolla, el Guadalquivir... *Oh take me back to Poor Fish River.* En algún lugar con un nombre como Invención en donde debe haber un Embuste.

Ese sueño de felicidad contagia por un momento a Geoffrey Firmin el Cónsul. Será el azar el que determine el desenlace trágico de la historia, hundiendo a todos los personajes en el naufragio, en el abismo. Yvonne, en su retorno a la vera de su marido abandonado, trae consigo ese sueño de felicidad. Pero el alcohol ha efectuado su duro trabajo del negativo y el viaje emprendido por el Cónsul es ya, desde que Yvonne le abandonó, un viaje sin retorno. Ciegos azares, minúsculos obstáculos en el camino de descenso determinan la Mala Estrella que llevará al Cónsul a separarse por última vez de la mujer, tomar el camino de ascenso al volcán, camino del alcohol, camino del mezcal, hasta encontrar la muerte de forma absurda en un altercado con policías y maleantes. Detrás de ese conjunto de fatalismos menudos parece dibujarse la Mano Negra que, en el festín de Baltasar, apareció premonitoriamente delineando las misteriosas palabras Mane, Tecel, Fares. «El Cónsul no habría necesitado un ojo avezado para descubrir en esta pared, o en cualquier otra, un Mene-Tekel-Peres para el mundo, comparado con el cual la simple locura era como una gota de agua en un océano». Contemplaba su propia alma como la imagen de una ciudad, pero de una ciudad que, esta vez, se hallaba arrasada «y fulminada en el sombrío camino de sus excesos»: el Cónsul se llevó el vaso a los labios, «y volvió a saborear su vacío»... La clave de esta novela extraordinaria, uno de los monumentos supremos construidos en nuestro siglo a la Pasión, se halla en los inicios de cada uno de los capítulos:

... «*Nel mezzo del puerco cammin di nostra vita mi ritrovai in...*».

El deseo y sus sueños parecen derrumbarse en esa crisis que se produce en la mitad del camino de la vida, esa «crisis de los treinta años» a la que alude Hegel al determinar la dialéctica de las edades de la vida: surge entonces, de esa tragedia de la propia identidad, la posibilidad de emergencia de la pasión. Ya que el deseo es siempre adolescente y juvenil, de ahí que supere, como objeto del mismo, un sueño enfrentado a la miseria e irónica realidad en la que afinca. La pasión nace de la liquidación de ese desafuero onírico y deseante. Puede ser de dos modos, pasión constructora, productiva, poética, pasión productiva y creadora (cumplida síntesis de Pasión y *Poiesis*); o bien, pasión destructiva y ponzoñosa, pasión arrasadora de todo sueño y de todo deseo de paraíso, pasión incendiaria, pasión de abismo, pasión por arrojarse al fondo mismo del volcán...

Pero antes de producirse esa determinación y elección, el sujeto pasional que ha visto sucumbir, *in mezzo del puerco camin*, todo su sueño adolescente y juvenil de felicidad —el esplendor en la hierba, la pasión primaveral, aún fenoménica, ilusoria, primeriza— efectúa y experimenta un largo recorrido contemplativo y anamnético con relación a todo aquello que ha perdido. Su experiencia es, entonces, la experiencia de la memoria de un olvido, la experiencia de una esperanza fundada en ese agarradero memorístico que actúa en su alma a modo de clavo ardiendo que ésta ase tozuda y tercamente. A esa figura del espíritu le llamo figura de la *memoria perdida de las cosas*: un último y lánguido adiós sobre la vida feliz de infancia, adolescencia y juventud, una pulsación melancólica que adviene al atravesarse la frontera del *mezzo del camin*, al pasar el umbral de los treinta años:

«Mira: cuán extrañas, cuán tristes pueden ser las cosas familiares. Toca este árbol que antaño fuera tu amigo: —¡ay, que aquello que ha llevado tu sangre pueda convertirse en algo tan extraño!—. Mira ese nicho en el muro, allí, en la casa, donde Cristo sigue inmóvil, sufriendo, y te ayudaría si se lo pidieras: no puedes pedírselo. Considera la agonía de las rosas. Mira en el césped los granos de café de Concepta (solías decir que era de María) secándose al sol. ¿Puedes reconocer aún su dulce aroma? Mira los plátanos con sus extrañas floraciones familiares, antaño emblema de vida, hoy símbolo de maligna muerte fálica. Ya no sabes amar estas cosas. Ahora todo tu amor son las "cantinas"; débil supervivencia de un amor por la vida, que se ha convertido en veneno».

Ahora se teme el Cónsul que el jardín sea un espléndido caos: «Durante meses hemos estado virtualmente sin jardinero». No están ya las camelias de Yvonne. Todo es desierto y soledad, campo arrasado, ruina. En medio de esa noche oscura, sin embargo, la mano de Yvonne y la mano del Cónsul porfían por encontrarse.

«Incendio y consumación, he aquí lo que debe ser nuestra vida... Mucho más tiempo que la víctima vivirán el vapor y el incienso del sacrificio»: palabras póstumas de Nietzsche, del Nietzsche preso de la euforia turinesa, a punto de enloquecer; podrían servir de lema y pórtico de la existencia pasional destructiva y reprobada. Pero cabe preguntar, entonces. ¿Ese sacrificio se produce en vano? Ese incendio, esa destrucción. ¿No tiene acaso el carácter sacrificial de una purificación, de una sublimación, de una elevación del alma a las regiones superiores, un ascenso del alma hasta las estrellas...? Así lo sentía Yvonne al figurarse la destrucción de su sueño de felicidad. Sentía, en efecto, que su sueño ardía, y con él la casa, que estaba en llamas, y el bosque, y todos los objetos domésticos, las sartenes, la antigua marmita, el rastrillo, el árbol, las paredes:

«Las flores del jardín estaban ennegrecidas y ardían, retorcíanse, se enroscaban, caían, ardía el jardín, ardía el porche en donde solían sentarse en las mañanas primaverales, la puerta roja, las ventanas encajonadas, las cortinas que ella misma hiciera, ardían, ardía la vieja silla de Geoffrey, su escritorio, y ahora su libro, su libro ardía, las páginas ardían, ardían, ardían, levantábanse del fuego en torbellinos y esparcíanse incandescentes a lo largo de la playa, y ahora aumentaba la oscuridad y subía la marea, la marea se agitaba bajo la casa en ruinas, los botes de excursión que habían trasportado sus canciones río arriba navegaban juntos al regreso en las aguas de Erídano. Su casa expiraba, ahora no había en ella sino agonía».

Podría decirse, con Klopstock, que «quien escoge a ciegas, será cegado por el humo del sacrificio». La pregunta es saber si es posible elegir de otro modo que eterna y necesariamente a ciegas. A ciegas elige la infortunada Otilia, en *Las afinidades electivas*, su amor ilegal y réprobo por Eduardo, el marido de Carlota, de quien es sobrina predilecta. A ciegas se elige enamorarse, a ciegas actúa sobre el alma la «dulce seducción», que tiene el carácter de una llama presta a propagarse por los leños tiernos del corazón y de las vísceras. Si algo compadece con la imagen de un incendio es el enamoramiento:

«Si hay algo en el mundo moral y sensual», dice para sí Goethe en el célebre monólogo del capítulo 7 de la novela de Thomas Mann *Carlota en Weimer*, «en lo que haya intimado profundamente mi pensamiento a todo lo largo de mi vida en el placer y en el terror, es la seducción —pasiva y activa—, dulce y aterrador contacto que viene de arriba cuando place a los dioses: es el pecado de que inocentemente nos hacemos culpables, culpables como instrumento suyo y también como víctima suya, pues resistir a la seducción no significa dejar de estar seducido, es la prueba de la que nadie sale airoso, pues es dulce, y aun como prueba es ya irresistible. Así gusta a los dioses enviarnos la dulce seducción, hacérnosla sufrir y comunicarla a otros como paradigma de toda tentación y culpa, pues la una es ya la otra».

El alma enamorada semeja la mariposa de luz, que corre irresistiblemente hacia el fuego que la consumirá. El alma enamorada tiene ya el fuego en su corazón, de ahí que no se arroje voluntariamente a la llama: a ella le arrojan los eslabones de su amor; aun lejos de ella ya estaba ardiendo. El espíritu positivo y afirmativo de Goethe veía en esta imagen poética del *Libro de Saadi-Gacela* la premisa de una transformación o metamorfosis, el «muere y transfórmate» con que concluye su hermoso poema *Dichosa nostalgia*.

De la inmolación, del sacrificio del sueño pasional, que quema y abrasa al sujeto deseante al no poderlo materializar en lo real, de esas cenizas nace, cual ave Fénix, el sujeto pasional, que es la criatura surgida de ese holocausto. Yvonne siente de pronto arder todo su sueño de felicidad, su casa, su jardín, su paraíso. Al modo de la mariposa de luz que «suelta y libre alza el vuelo hacia la llama... y al fin abrasa su cuerpo», así también Yvonne salta, en feliz nostalgia, hacia el Espacio-Luz, al modo como, según cantan los genios sobre las aguas, hacen las almas humanas, semejantes al agua («de los altos cielos / a la tierra bajan, / para suavemente, / con ligeras alas, / en eterna danza, / tornar otra vez / a esta tierra ingrata...»):

«Y, abandonando el incandescente sueño sintióse Yvonne arrebatada hacia las alturas y transportada hacia las estrellas, en medio de un torbellino de astros que se esparcían en lo alto en círculos cada vez mayores, como ondas en el agua, entre los cuales ahora aparecían, como una grey de aves diamantinas que volasen suave y firmemente hacia Orión, las Pléyades...».

Otro es, sin embargo, el desenlace del Cónsul, otra su agonía. Pero en la diferencia de un ascenso hacia las bóvedas estrelladas, a modo de llama que se eleva hacia el cielo, consumiendo todo sueño de felicidad, y un descenso a la profundidad del volcán, al abismo infernal, a las fauces insondables del Miedo primordial, una unidad de destino sintetiza los senderos diferentes y antagónicos. De hecho la espuma llameante del volcán surcará también la cresta de la cordillera hasta alzar la llama sacrificial como desafío a las estrellas...

Cuanto más cerca está de conseguirse el sueño paradisíaco de felicidad, más hondo, más tremendo se presenta el abismo infranqueable que separa al sujeto de su objeto: el jardín del *Edén* está cercado de abismos, como los castillos medievales. A la diosa virgen expulsada del Wahlhalla se accede sorteando la llamarada que el misterioso dios del fuego, el astuto y sibilino Loge, ha desparramado alrededor de su cuerpo adormecido; un inmenso dragón monta temible guardia a la entrada de la cueva. El héroe deberá desafiar la presencia del dragón y darle muerte, deberá asimismo sortear la llamarada que rodea a la heroína. Tras recorrer oscuros corredores llega el iniciado a la morada de las Madres, pero para acceder a esa morada es preciso todavía atravesar algo peor y más temible que el océano infinito (en éste hay todavía presencias amigables, delfines, luz matinal y perspectiva de costas próximas): desierto y soledad, espacio *puro* sin determinación concreta alguna es el elemento y la sustancia que rodea, a modo de anillo de Saturno, la morada de las madres. Llegarse a esa morada implica hundirse y abismarse. De Ella cobra el infante la mísera experiencia de una evanescente proximidad constantemente alejada: ahora está, ahora ya no está, hoy se me acerca, me acaricia, me toca, me abrasa el corazón de felicidad, pero mañana acaso desaparezca, pasado mañana también, después de pasado mañana, después de después: quizá vuelva conmigo el día después de Después. La felicidad, el sueño de felicidad, es experimentado como instante-eternidad: se produce un concentrado de goce que deja embriagado y extenuado al sujeto que la padece: cuanto más feliz se llega a ser, mayor, más patente la evidencia del dolor que sigue a esa experiencia; dolor por la pérdida, pero también por el aminoramiento de la intensidad. En su grado límite la felicidad es irresistible: coincide acaso con el máximo dolor. ¡Si al menos no tuvieran los humanos memoria de haber sido felices alguna vez, acaso sólo *una* vez! La experiencia del paraíso determina la experiencia del infierno al modo como el antecedente respecto al consecuente. La sola idea de la ruina y de la caducidad de la felicidad ensombrece el ánimo del poseído por esa gracia; se vive ya abrazado a las estrellas, pero éstas distan años luz del sujeto que se embriaga de su pálido fulgor. Por eso el ser feliz desea profundamente la muerte, para poder entonces «volar por espacios infinitos», como esperaba Heinrich von Kleist cuando iniciaba los preparativos del suicidio junto con Heinriette. En oleajes de voluptuosidad asciende Isolda, al modo de una pira ardiendo, hacia el Espacio-Luz, al encuentro celeste con Tristán, el héroe de la Mala Estrella: la muerte trocará ese destino por el contrario y ambos, Tristán e Isolda, habitarán quizá alguna Buena Estrella. El amor, en su consumación pasional, parece desear profundamente el hundimiento, con los sujetos de la pasión, del mundo entero: toda la farsa y la ilusión del Día debe estallar, aniquilarse. De ese hundimiento del mundo surgirá el verdadero mundo, el Otro Mundo, la experiencia celestial alcanzada a través de la conversión del mundo del Día en un infierno en el que todo, El Todo, debe arder. El iniciado a los misterios cátaros rubricaba su desapego trocando el *consolamentum* por el suicidio lícito de los perfectos: éstos se arrojaban, en buena lógica numantina, a la hoguera, con el fin de salvar así la verdadera patria, el Otro Mundo. Al cielo se llega a través del infierno: años de penitencia, años de peregrinaje, desierto y soledad son las premisas de acceso al *consolamentum*. Cuando la lógica ascética y purificativa duda sustancialmente acerca de la redención, se abre el horizonte de la condena libremente asumida y deseada. La misma lógica ascética y purificativa fija estrictamente los pasos y los cánones que conducen a una santidad por inversión. «Libremente asumida y deseada»: por libertad entiendo la asunción de la necesidad que deriva de la suma de azares concatenados. El Cónsul llegará a sentirse bien, perfectamente bien y alegre en el infierno que se elige, pero a ello llega por oscuros movimientos secretos de su voluntad que cuestan abrirse camino y aflorar. Entretanto, reza a la

Virgen, a la Virgen de los que no tienen a nadie («Nadie viene aquí, sólo los que no tienen a nadie»). Reza por Yvonne, pide a la Virgen que Yvonne logre aquello con lo que ha soñado: «Permíteme hacerla feliz, líbrame de esta horrenda tiranía de mí mismo... Permítenos volver a ser felices en alguna parte, pero juntos aunque sea fuera de este terrible mundo. ¡Destruye el mundo! (clamó desde lo profundo de su corazón)». ¡Destruye el mundo! La muerte del Cónsul deja que la oración, la petición, sea concedida:

«¿Cómo pudo haber juzgado con tanta dureza al mundo, cuando el auxilio estuvo al alcance de la mano todo el tiempo? Y ahora había llegado a la cumbre. ¡Ah, Yvonne, amor mío, perdóname! Potentes manos lo alzaban. Abriendo los ojos, miró hacia abajo esperando hallar a sus pies la espléndida selva, las cumbres, el "Pico de Orizaba", la Malinche, el "Cofre de Perote", semejantes aquellas cimas de su vida, conquistadas una tras otra, antes de lograr con éxito este supremo ascenso, si bien de modo poco convencional. Pero no había nada: ni cumbres ni vida ni ascenso. Ni tampoco era ésta su cúspide, una cúspide exactamente: no tenía sustancia, no tenía bases firmes. También esto, fuera lo que fuese, se desmoronaba, se desplomaba, mientras que él caía, caía en el interior del volcán, después de todo debió haberlo ascendido, si bien ahora había este ruido de lava insinuante que crepitaba en sus oídos horrísonamente, era una erupción, aunque no, no era el volcán, era el mundo mismo el que estallaba, estallaba en negros chorros de ciudades lanzadas al espacio, con él, que caía en medio de todo, en el inconcebible estrépito de un millón de tanques, en medio de las llamas en que ardía un millón de cadáveres, caía en un bosque, caía...».

Tristán, Orfeo redivivo, vive en el elemento de la música: una triste y antigua melodía define su existencia desgarrada. Tristán es el héroe beneficiado por golpes de fortuna que inexorablemente presagian alguna desgracia: su vida es un eterno desequilibrio compensatorio entre la buena estrella y la estrella aciaga. La vieja y melancólica melodía es un canto a la Estrella: agujero de luz, que, a modo de diadema, ciñe la frente de la Virgen Madre Primordial. Blancaflor, la hermosa madre joven de Tristán, concibe al hijo en arrebatado ardor pasional por el héroe Ribelino, comunicando desde sus entrañas al infante todos los estigmas dolorosos de una felicidad primaveral y primeriza. Pero en el instante mismo del natalicio muere el héroe en la batalla e inmediatamente muere también la desdichada Blancaflor, consumida por la tristeza. De ahí que, antes de morir, bautizara al infante con el nombre de Tristán, es decir, El Triste, sellando así en su nombre su destino infortunado. Pero el recuerdo de la felicidad vivida en la entraña materna insiste una y otra vez, y esa insistencia punzante y venenosa debe iluminar la significación simbólica y metafórica del filtro de amor, irremediablemente asociado al filtro de muerte.

Wagner, en la sublime obertura de la ópera de la pasión, supo arrancar de la Musa el sonido exacto de esa vieja y triste melodía: desde Wagner la palabra debe ceder su lugar al extraordinario crescendo siempre coartado en su fin —y por lo mismo, por ser costoso y trabajoso, tanto más intenso al presentarse contenido y concentrado— que levanta el entramado de *leitmotiven* desplegados en dicha obertura. En ella queda figurado musicalmente el movimiento quintaesenciado del amor, su sinuosa manera de avanzar retrocediendo. El acto sexual constituye la verdad misma de toda la trama histórica de la pasión: en él ésta encuentra su plasmación y su alegoría. Ya que la comunicación es siempre entre espíritus, pero, como dice Donne, los caracteres, las letras están trazadas en el cuerpo, que es el lugar de inscripción o el libro donde imprimen huellas indelebles las Ideas. Desde la perspectiva celeste de la esfera giratoria se entiende por sexualidad la encarnación del *movimiento* espiritual, su transfiguración en carne y sangre. Sólo en el espacio luminoso de la carne se produce la consumación, la *vía unitiva*: dos cuerpos que enuncian una única melodía, dos cuerpos que acceden a un mismo ritmo, dos microcosmos corporales (el pene y la vagina tienen alma y habla) que afinan sus tensas cuerdas hasta lanzar al vuelo un acorde perfecto y singular. Hacer el amor es en esencia trabar contacto esencial con la metafísica de la música, siendo la música la expresión misma del alma y de la idea en el cuerpo y a través del cuerpo (de ahí la carnalidad suprema de los elementos, rítmico-respiratorios, que presenta la música con respecto a otras artes más «espirituales»). Schopenhauer cifró su genialidad oculta en sugerir el vínculo de unión entre música y sexualidad, entendiendo por música la objetivación material y perfecta de la voluntad (siendo ésta en esencia sexualidad). Lo que importa en el movimiento amoroso carnal es, ante y sobre todo, el forcejeo, el drama, la pelea, una guerra cruenta transfigurada en juego, un juego de formas puras musicales mediatizado por la violencia, una violencia primordial elaborada y trabajada hasta llegar a ser caricia escondida e insinuante. Los dos órganos a los que aquí llamo microcosmos (que eso son respecto al cuerpo humano en su conjunto, del mismo modo como éste lo es respecto al cuerpo entero del universo) despliegan todo su potencial semántico en un lenguaje de signos de riqueza intraducible al lenguaje articulado, pero susceptible de reproducción insinuada por el lenguaje musical, que en profundidad es *mímesis* de ese *commertium*. La violencia está en juego de forma descarnada en la música, que usa siempre materiales sádicos (los instrumentos imitan sierras y martillos: percusiones y frotamientos, cuchillos afilándose a la manera de cuerdas que entran en delgada vibración). En el orgasmo se da cita la violencia extrema y el juego puro: duelo de amor, dúo a muerte, inversión y cruzamiento explosivo de la estructura elemental de la pasión. El Cónsul, en su descenso a los infiernos, reflexiona en pleno coito sobre esa unión inexorable del amor y de la muerte («¡qué semejantes son los gemidos del amor y los de la agonía!»). No hay sexualidad sin violación: fauces vaginales enfrentadas al enhiesto árbol de Vida, la flecha lanzada contra la estrella... Es un juego bestial, en la medida en que la bestia es siempre la criatura metafísica, la que llega a expresar la verdad, la esencia de la vida. El segundo acto del Tristán metaforiza en todos sus episodios y en todos sus forcejeos el comercio entre los órganos. ¿Será blasfemo y declamatorio afirmar que Tristán es la expresión insinuada y simbólica del drama y la tragedia sexual? Tristán sería el nombre adecuado al órgano viril, Isolda el nombre adecuado al órgano femenino. En la noche de amor se desvela el misterio al cual, en el primer acto, se aproximaban los iniciados. Cuando cae la noche sobre los amantes sobreviene un suspiro cósmico que paraliza toda acción y toda disipación: la noche los abraza y los transporta más allá de sí mismos; han logrado rebasar el límite infranqueable de separación que gramaticalmente los escinde; la música arrebatada los eleva por encima de sus propias fuerzas hasta la noche del más dulce y extremado de todos los reposos. En el acto sexual se alcanza la mediación pura entre el deseo y su objeto: sueño y realidad consuman en él sus nupcias. De ahí que el sexo sea intercambiable y convertible con la pasión: *a sexualidad consumada y desplegada se corresponde siempre pasión consumada, comprometida, desplegada*. El *pathos* asumido es identificable con la asunción de la propia patología sexual. Y para cada caso, para cada singularidad hay siempre un lugar entre las estrellas. Sólo que a veces, como en esa misteriosa película americana llamada *Jennie*, Ella no vive en el tiempo que a él le ha caído en suerte o mala suerte. Pues ¿qué sucede si el ser que esencialmente constituye el alma y el cuerpo afín, la otra mitad del andrógino escindido y roto, pertenece a otra edad y a otra geografía? La vida es el lugar espacial y temporal concedido para que cada cual encuentre la otra mitad de sí mismo, el órgano que le falta, aquel y sólo aquel que le es afín, con el cual pulsar la eterna, frágil, oscura, alegre y triste melodía del amor. En el acto sexual la pasión alcanza la mediación: el sueño es interiorizado y en la fecundación, en la paternidad y maternidad libremente asumidas y consentidas, se proyecta el sueño, se hace producción, se hace obra. El hijo es sueño encarnado, materializado, sueño hecho carne. Es lo que une y lo que separa; a la vez trae la Paz junto a la Espada; es razón de discordia, escisión, herida y cruz. El Hijo, el reino del Hijo, constituye la reproducción de la violencia primordial, a un nivel superior de complejidad y sabiduría. Pero es también la figura misma de la redención, que se produce a través del sacrificio: la castración del padre deja paso al reino olímpico del hijo viril y jactancioso; pero el hijo es figura sacrificial, eterno *Dionisios Bacheius* cuyo árbol genital se identifica con el madero cruzado primordial del sacrificio: una cruz rodeada de rosas, un tallo de rosas surcado de una corona de espinas. Alguna vez será preciso pensar en profundidad la trabazón profunda de la pasión y de la sexualidad: mostrar en ideas y en imágenes (de forma que quede a la vez conceptuada y sugerida, explicada y mitificada, teorizada y fabulada) la unidad estructural de ambas caras de la misma moneda. Eso que desde la perspectiva teórica, *sub specie aeternitatis*, desde la mitad celeste de la esfera giratoria, desde el prólogo del cielo, hemos llamado en este *tratado Pasión*, deberá ser visto a partir de la otra mitad de la misma esfera, la mitad terrestre y burguesa, la mitad cotidiana y materialista, desmitificada y *real*, bajo el revestimiento o el ropaje de lo que, en terminología corriente, se llama sexualidad.

A la división por sendas de la sustancia pasional debe añadirse ahora una segunda división que atienda la especificidad de quienes transitan esas sendas. Se trata de introducir una divisoria general entre el conjunto formado por la totalidad de personajes y protagonistas de la pasión. De la cual división resultan nuevamente dos grandes estirpes o familias. O para decirlo platónicamente, dos géneros supremos. A la división por sendas debe suceder ahora una división por géneros de la sustancia pasional. He establecido, como hipótesis que debe ser probada, la convertibilidad de pasión y sexualidad («a pasión consumada y desplegada se corresponde sexualidad consumada y desplegada»). Ello autoriza a introducir el criterio de división en la *diferencia sexual* y hablar, en consecuencia, del Hombre y de la Mujer como *géneros supremos* en los cuales la sustancia pasional se determina. Juntando ahora la primera división y la segunda podemos alcanzar una determinación dinámica y relacional de lo que estas palabras abstractas y estáticas, Hombre y Mujer, sugieren. Ya que puede sospecharse cierta afinidad y congenialidad entre el sueño de felicidad de Yvonne y la naturaleza femenina; entre la vía del alcohol y del mezcal y la naturaleza masculina. Pero esa afinidad y congenialidad sólo es visible y sólo alcanza su auténtica dimensión si desprendemos nuestra aprehensión sustancialista de las entidades Hombre y Mujer y atendemos a la naturaleza relacional en la que lo que necesariamente está en juego es una o varias relaciones preexistentes.

Entiendo por ruta del hogar o por camino de felicidad aquella, conducida por la mujer, que cristaliza en el dúo de amor o que sitúa en términos preferenciales éste sobre otra relación. La *elección* de la ruta del hogar implica determinar como afección positiva (amor) la relación hombre-mujer, determinando como afección negativa (odio) la relación hombre-hombre (que entonces aparece bajo la forma de duelo a muerte). La elección de la ruta del alcohol y del mezcal implica determinar como afección positiva (amor) la relación hombre-hombre, significando como afección negativa (odio) la relación hombre-mujer. Esta última aparece, entonces, bajo la forma del *Combatimento*. La relación hombre-mujer se vuelve relación guerrera o bélica cuando Ella comparece como figura viril, guerrera o alcohólica, a modo de *inter pares* en el camino del alcohol o del combate. Yvonne y el Cónsul no pueden encontrarse jamás en razón de la radicalidad de sus distintas elecciones. Yvonne es la Mujer y el Cónsul es el Varón, en radical ensimismamiento sólo superado, vanamente, en el nimbo de la ensoñación. En el alcohol la rivalidad queda superada en camaradería, en Palabra: se habla de aquello que, por esta vía, no puede ser rozado, *se habla de la mujer*. Sólo bajo forma prostituida y bohemia puede comparecer la Mujer en esta ruta del alcohol y del mezcal bajo ropaje real. De otro modo sólo puede comparecer como Palabra, como Objeto de discurso. En la ruta del hogar el alcohol es tentación, peligro y seta venenosa: lo que aparta al Varón del sueño de felicidad que ella ha predeterminado. Él halla en la ruta del alcohol el posible encuentro con el Otro, a la vez amigo y rival, con el cual puede fundar acaso una posible relación de cooperación. Del alcohol nacen las instituciones varoniles: el *negocio* surge del más radical de todos los ocios. Del alcohol nacen Ejército e Iglesia (ésta bajo la forma del Ágape). En el alcohol queda la sexualidad anegada y sustituida por el proyecto laboral e institucional. La violencia primordial puede transfigurarse y sublimarse en Institución y en Ley. Al puñetazo puede sustituirle el Parlamento. De la sexualidad nace la Familia, institución en la que cristaliza el deseo propio del camino de la Derecha y su sueño de felicidad: en la producción y reproducción de hijos ese deseo puede llegar a ser pasión consumada y desplegada.

ÍNDICE ONOMÁSTICO

A

Abelardo, Pedro, 32
Alcibíades, 28
Aristóteles, 28, 86
Aschenbach, Gustav, 79-80

B

Bacon, Francis, 109
Beckett, Samuel, 90
Bécquer, Gustavo Adolfo, 125
Benjamin, Walter, 125
Berlioz, Louis-Hector, 45
Béroul, trovador, 38
Bertolucci, Bernardo, 38
Bueno, Gustavo, 39

C

Chrétien de Troyes, 31, 70, 115
Cioran, Émile Michel, 180

D

Deleuze, Gilles, 39, 172-173
Derrida, Jacques, 172
Descartes, René, 9, 25, 36-37, 62, 71
Donne, John, 207
Dostoievski, Fiodor M., 148

E

Escohotado, Antonio, 59

F

Feuerbach, Ludwig, 107
Fichte, Johann Gottlieb, 35, 59-61, 64
Freud, Sigmund, 146, 157-160, 166
Friedrich, Caspar David, 68

G

García Calvo, Agustín, 41-42
Girard, René, 129-131, 160, 166
Goethe, Johann Wolfgang von, 53-54, 58, 61, 68, 127, 198, 203
Guattari, Felix, 173

H

Hegel, Georg Wilhelm Friedrich, 8, 35, 51, 59, 61, 63-68, 74, 77, 83, 86, 97-99, 101-102, 105-107, 119, 128, 130, 152-157, 159-161, 167, 169, 175, 179, 182
Heidegger, Martin, 39, 78
Heráclito, 77
Hitchcock, Alfred, 38, 50, 97, 141-142
Hölderlin, Johann Christian Friedrich, 98, 129

J

Juan, san, evangelista, 53, 62, 63-64

K

Kant, Immanuel, 9, 25, 54, 59-60, 91-92, 101, 107, 145
Kierkegaard, Søren, 133, 150, 153, 179
Krügger, Gerhard, 145

L

Lacan, Jacques, 173
Leibniz, Gottfried Wilhelm, 55, 89, 95, 122, 189
Lévi-Strauss, Claude, 124
Lowry, Malcolm, 184, 191, 197
Lukács, György, 103

M

Machado, Antonio, 163
Mann, Thomas, 69, 79, 81, 144, 194, 203
Marx, Karl, 8, 39, 67-68, 101-106, 108, 144, 181
Montaigne, Michel Eyquem, señor de, 144
Mozart, Wolfgang Amadeus, 112, 140-142, 147, 150

N

Nabokov, Vladimir, 38
Nietzsche, Friedrich, 7-9, 38, 39-40, 42, 68, 125, 202

O

Ortega y Gasset, José, 26, 41, 45, 70, 120

ÍNDICE ONOMÁSTICO

P

Pablo, san, 176
Pascal, Blaise, 13
Platón, 28, 32, 35, 44, 48-49, 64, 69, 72-73, 88, 111, 113, 127, 145, 161
Poe, Edgar Allan, 124
Pompeyo, 119
Proust, Marcel, 90, 184

Q

Quevedo, Francisco de, 21, 52

R

Riquer, Martín de, 115
Rougemont, Denis de, 13, 30, 75-76, 81, 174
Rousseau, Jean-Jacques, 101-102
Rubert, Xavier, 46, 120

S

Sartre, Jean-Paul, 144
Savater, Fernando, 180

Schiller, Friedrich, 54, 102
Schopenhauer, Arthur, 54, 68, 79, 90, 207
Shakespeare, William, 133, 138
Sócrates, 28, 136
Spinoza, Baruch, 9, 25, 37-38, 48, 54-57, 61, 62, 64, 66, 70-72, 109-110, 177, 189
Stendhal, Henri Beyle, 29, 33, 44
Strassburg, Gottfried von, 31-32, 34, 38, 84

T

Thomas, Dylan Mariais, 38

V

Valls, Ramón, 156
Verdi, Giuseppe, 17

W

Wagner, Richard, 38, 67, 68, 76-77, 148, 162-167, 174, 207
Welles, Orson, 180

Impreso en Litografía Rosés, S.A.
Energía, 11-27 (Polígono La Post)
08850 Gavà (Barcelona)